KB194076

"대저 그 마음의 생각이 어떠하면 그 위인도 그러한즉." 잠언 23:7

믿음의 생각만 하라

김열방 김향숙 지음

인생은 생각한 대로 된다.
부정적인 생각을 하지 말고
믿음의 생각만 하라. 그러면
생각한 대로 다 이루어진다.

날개미디어

[머리말]

“성령님, 믿음의 생각만 하게 해 주세요”

당신은 부정적인 생각을 하지 않습니까?

나는 부정적인 생각을 한 적이 여러 번 있습니다.

‘아, 힘들다. 모든 것을 포기하고 시골로 가고 싶다.’

그러면 주님께서 근심하시며 나를 책망하셨습니다.

‘아들아, 왜 그런 생각을 하느냐? 손에 쟁기를 잡고 뒤를 돌아보는 자는 하나님 나라에 합당치 않다. 그런 부정적인 생각은 하지 마라. 오직 믿음의 생각만 하라.’

그러면 나는 생각을 바꾸고 더욱 큰 은혜를 달라고 구하곤 했습니다. 어떤 사람이든 부정적인 생각을 하면 금방 가슴이 답답해집니다. 부정적인 생각은 육신의 생각이고 그런 생각은 하나님을 기쁘시게 할 수 없습니다.

믿음의 조상들은 어떻게 살았을까요?

그들은 고향을 생각하며 그리워하지 않았습니다.

"그들이 나온 바 본향을 생각하였더라면 돌아갈 기회가 있었으려니와."(히 11:15) 생각하면 기회가 생깁니다.

고향을 생각하며 그곳으로 돌아갈 기회를 엿보는 것은 육신의 생각이며 그런 생각은 하나님을 기쁘시게 할 수 없습니다. 그런 생각을 떠올리지 말아야 합니다. 그런데 자꾸 고향 생각이 떠오릅니다. 어떻게 하면 될까요? 쉽습니다. 매일 아침 성령님께 도움을 구하면 됩니다.

"성령님, 고향 생각이 떠오르지 않게 해 주세요."

고향 생각은 하나의 비유이며 '옛 삶'을 의미합니다.

옛 삶은 무엇일까요? 그리스도 밖에서의 삶이며 죄와 목마름, 병과 가난, 어리석음과 징계와 죽음 등입니다. 율법주의와 나쁜 습관, 혈통과 육정과 사람의 뜻입니다.

그런 것을 그리워하거나 추구하면 안 됩니다.

하나님이 싫어하시는 것을 왜 마음에 떠올립니까? 사실 자신이 떠올리기 싫어도 밤낮 자꾸 떠오르는 것입니다.

긍정적인 것이든 부정적인 것이든 그것을 떠올리면 당신은 그것을 얻기 위해 어느 순간 움직이게 됩니다. 그러므로 하나님의 말씀에 비추어 좋은 것만 생각하고 계획하며 나쁜 것은 생각하지 말고 계획하지 말아야 합니다.

생각은 겉으로 드러나는 일의 뿌리입니다. 당신이 갈등하는 문제는 생각이란 뿌리를 뽑아낼 때 해결됩니다. 마귀는 '부정적인 생각의 씨앗'을 뿌립니다. 일단 씨앗을 뿌리면 뿌리가 나고 싹이 올라오고 줄기가 자랍니다. 그래서 사람들이 자기도 모르게 그 생각에 잡히고 그것을 입술로 툭툭 내뱉게 됩니다. 그리고 그렇게 말한 대로 망합니다.

멸망은 '망해서 사라진다'는 뜻인데 하나님이 주신 귀한 선물들이 다 망하고 사라진다는 것입니다. 그러면 안 됩니다. 예수님이 우리 대신 멸망당하셨기 때문입니다.

요한복음 3장 16절에 "하나님이 세상을 이처럼 사랑하사 독생자를 주셨으니 이는 그를 믿는 자마다 멸망하지 않고 영생을 얻게 하려 하심이라"고 했습니다. 예수를 구주로 믿는 사람은 절대로 멸망하지 않는다는 것입니다.

그런데 교회를 열심히 다닌다는 사람들이 죄와 목마름, 병과 가난, 어리석음과 징계와 죽음 가운데 멸망을 경험하고 있습니다. 그런 저주는 예수님이 십자가에서 다 담당하셨고 "다 이루었다"(요 19:30)고 외치셨습니다.

나는 성령님의 도우심으로 '예수님이 십자가에서 다 이룬 복음'을 깨달았습니다. 그래서 더 이상 멸망하지 않습니다. 예수 그리스도 안에서 의와 성령 충만, 건강과 부요함, 지혜와 평화와 생명을 풍성히 누리고 있습니다.

생명을 얻되 더 풍성히 얻는 것, 이것이 그리스도 예수 안에서 당신을 향하신 하나님의 뜻입니다. 그러려면 부정적인 생각을 하지 말아야 합니다. 그런데 계속 부정적인 생각이 떠오르고 끝도 없이 서로 비판하고 정죄합니다.

어떻게 하면 될까요? 나는 그 비결을 깨달았고 이 책에 담았습니다. 그 답이 무엇일까요? '성령님' 입니다.

나는 부정적인 생각을 하지 않고 믿음의 생각만 하며 살기로 뜻을 정했습니다. 하지만 내 힘으로는 안 되기 때문에 성령님께 도움을 구했는데 즉시 해결되었습니다.

나는 아침에 눈을 뜨면 이렇게 말씀드립니다.

"성령님, 오늘도 부정적인 생각은 떠오르지 않게 해 주시고 믿음의 생각만 떠오르게 해 주세요. 부탁합니다."

그러자 진짜로 부정적인 생각이 하나도 떠오르지 않았습니다. 오늘도 내일도 계속 그렇게 말씀드립니다.

이것이 비결입니다. 당신도 그렇게 하십시오.

2025년 5월 10일

김열방 목사

[목차]

어떤 경우에도 믿음의 생각만 하라

돈에 대해 부정적인 생각을 하지 마라

당신은 돈에 대해 부정적인 생각을 하지 않습니까?

나는 돈에 대해 표현할 때 항상 깨어 있고 생각과 말에 조심합니다. 돈에 대해 부정적인 생각과 말을 하면 하나님이 싫어하십니다. 그런 사람에게는 하나님이 돈을 주고 싶어도 줄 수 없기 때문입니다. 돈에 대해 믿음의 생각과 말을 해야 하나님이 많은 돈을 주실 수 있습니다.

"돈이 뭐 필요해?" 어린애나 하는 말입니다. 어린 애도 살아가는데 돈이 필요하다는 것을 알고 부모님께 용돈을 구합니다. 전도서에 "돈은 모든 일에 이용된다"(전 10:19)고 했습니다. 하나님은 당신에게 돈이 있어야 할 줄 알고 계십니다. 그분의 풍성한 재정을 공급받으려면 돈에 대한 당신의 부정적인 생각과 말을 바꿔야 합니다.

나는 돈 천만 원을 들고 주님의 음성에 순종하여 서울 잠실로 왔습니다. 그 돈을 교회를 개척하기 위해 하나님께 드렸고 사택 얻을 돈도 없이 빈손이었습니다.

그때 한 친구가 300만 원을 보내 주었는데 그 돈으로 지하 월세 방을 얻어 네 명의 아이들을 키웠습니다.

그 후로 돈 문제로 많은 어려움을 겪었지만 나는 결코 '돈이 없다'는 생각과 말을 하지 않았습니다.

교회 전기 요금을 못 내 전기가 끊긴 채로 주일예배를 드린 적도 있었습니다. 그러면 어떤가요? 괜찮습니다. 사택 월세 50만 원을 못 내 쫓겨날 뻔한 적도 있었습니다. 그러면 어떤가요? 괜찮습니다. 차에 기름이 없어 신학교에 차를 세워 두고 기름 값이 들어올 때까지 기다린 적도 있습니다. 그러면 어떤가요? 괜찮습니다. 신학대학원 등록금이 없어서 3년 만에 졸업해야 할 학교를 6년 만에 졸업하기도 했습니다. 그러면 어떤가요? 괜찮습니다.

그 모든 일은 통의 한 방울 물과 같이 작은 일에 불과합니다. 하나님은 내게 '크게 생각하라'고 하셨습니다.

그래서 나는 돈이 없다는 생각, 돈이 없다는 말을 하지 않고 항상 '돈이 많다, 나는 억만장자다'라고 생각하고 말하며 살았습니다. 그러자 하나님은 내게 필요한 돈을 계속 공급해 주셨습니다. 주님께서 말씀하십니다.

"없다, 없다 하는 자에게서 있는 것도 빼앗아라. 있다, 있다 하는 자에게는 더 주어라. 네 믿은 대로 될지어다."

당신은 어떤 생각과 말을 합니까? 돈에 대해 늘 '없다, 없다'고 생각하고 말하지 않습니까? 왜 그런 생각이 듭니까? 그것은 곧 육신의 생각입니다. 영의 생각을 해야 합니다. 육신과 마귀는 눈에 보이는 통장 잔고만 보며 두려움에 빠지게 하고 아무것도 하지 못하게 막습니다.

당신이 10억을 가졌든 100억을 가졌든 육신과 마귀는 이렇게 부정적으로 말할 것입니다.

"너는 돈이 없어, 가난해. 아무것도 하지 마."

그러나 하나님은 다르게 말씀하십니다.

"너는 나의 귀한 자녀이고 나는 우주의 재벌 총수다. 나는 부요한 하나님이다. 없는 것을 있는 것처럼 불러내며 바랄 수 없는 중에 바라게 하며 안 되는 것을 되게 하며 죽은 자를 살리는 하나님이다. 그러므로 너는 눈에 보이는 통장의 잔고를 따라 궁상떨며 살지 말고 부요 믿음으로 살아야 한다. 돈에 대해 조금도 염려하지 마라. 어떻게든 내가 다 채워 주겠다. 돈이 없다고 말하지 말고 네게 있는 것을 써라, 그리하면 너에게 줄 것이니 곧 후히 되어 누르고 흔들어 넘치도록 하여 안겨 주겠다."

하나님은 당신이 아무리 쓰고 또 써도 다시 넘치게 채우시는 놀라우신 분입니다. 그분은 당신에게 하루에 1억도 주시고 10억도 주십니다. 당신이 고민하는 크고 작은 모든 돈 문제에 대해, 하루 만에 다 해결해 주십니다.

하나님은 당신으로 하여금 모든 것에 모든 것이 넉넉하여 모든 착한 일을 넘치게 하게 하시는 부요하신 분입니다. "하나님이 능히 모든 은혜를 너희에게 넘치게 하시나니 이는 너희로 모든 일에 항상 모든 것이 넉넉하여 모든 착한 일을 넘치게 하게 하려 하심이라."(고후 9:8)

하나님은 당신이 부요하게 살기 원하십니다. 돈 때문에 염려 근심하지 않기 원하시며, 돈 때문에 세상 사람들에게 부끄러움과 수치를 당하지 않기를 원하십니다.

그러려면 통장 잔고가 아닌 믿음으로 살아야 합니다.

돈에 대해 부정적인 사람들은 말합니다.

"내가 부요해지는 것이 진짜 하나님의 뜻인가요? 성경에 부자 되기에 애쓰지 말라고 했잖아요?"

그 내용은 잠언 23장에 나오는데, 전후 문맥을 따라 읽고 잘 이해해야 합니다. 성경을 자세히 보십시오.

단순히 부자 되기에 애쓰지 말라는 부자에 대한 부정적인 가르침이 아닙니다. "악한 눈이 있는 관원과 손잡고 부자가 되려고 애쓰지 마라"는 말씀입니다. "그와 함께 앉아 그가 대접한 속이는 음식, 맛있는 음식을 먹으며 그를 통해 부자가 되기에 애쓰지 마라. 그러면 반드시 망한다. 그것은 미련한 행동이다"라는 말씀입니다. 이해되십니까?

"네가 관원과 함께 앉아 음식을 먹게 되거든 삼가 네 앞에 있는 자가 누구인지를 생각하며 네가 만일 음식을 탐하는 자이거든 네 목에 칼을 둘 것이니라. 그의 맛있는 음식을 탐하지 말라. 그것은 속이는 음식이니라. 부자 되기에 애쓰지 말고 네 사사로운 지혜를 버릴지어다. 네가 어찌 허무한 것에 주목하겠느냐? 정녕히 재물은 스스로 날개를 내어 하늘을 나는 독수리처럼 날아가리라. 악한 눈이 있는 자의 음식을 먹지 말며 그의 맛있는 음식을 탐하지 말지어다. 대저 그 마음의 생각이 어떠하면 그 위인도 그러한즉 그가 네게 먹고 마시라 할지라도 그의 마음은 너와 함께 하지 아니함이라. 네가 조금 먹은 것도 토하겠고 네 아름다운 말도 헛된 데로 돌아가리라. 미련한 자의 귀에 말하지 말지니 이는 그가 네 지혜로운 말을 업신여길 것임이니라."(잠 23:1~9)

성경 전체를 보면 부에 대해 부정적이지 않습니다.

하나님은 당신이 많은 복을 받아 민족들에게 꾸어 주기 원하십니다. 또한 복음을 전하기 위해 많은 돈을 쓰기 원하십니다. 그러므로 항상 부요 믿음을 갖고 “있다, 있다, 많다, 많다, 넘친다, 넘친다”고만 생각하고 말하십시오.

그러면 믿음대로 될 것입니다.

돈에 대한 부정적인 생각은 조금도 하지 마십시오.

하루는 한강에서 산책하며 돈 문제로 고민하고 있을 때 성령님이 세미한 음성으로 내게 말씀하셨습니다.

‘아들아, 이 한강을 보라, 한 번도 말라 바닥을 드러낸 적이 없고 항상 어느 정도 수위를 유지하고 있다. 너의 곳간도 이와 같을 것이다. 너의 곳간은 물댄 동산 같고 이 한강 같을 것이다. 네가 부요 믿음으로 살면서 그 믿음을 지키면 항상 네 곳간이 넘칠 것이다. 너의 과거와 현재와 미래의 모든 가난은 예수가 십자가에서 다 짊어졌다. 너는 평생 돈 걱정 없이 부요하게 살 것이다. 없다, 없다 하지 마라. 주머니에 10원 밖에 없어도 10억이 있다고 생각하고 말하라. 100원 밖에 없어도 100억이 있다고 생각하고 말하라. 천 원 밖에 없어도 천억이 있다고 생각하고 말하라. 그러면 네 믿은 대로 될 것이다.’

그렇습니다. 항상 예수님의 십자가를 바라보십시오.

그분은 당신의 모든 죄와 목마름, 병과 가난, 어리석음과 징계와 죽음을 다 짊어지고 십자가에서 피와 땀과 눈물을 쏟으며 죽으셨고 사흘 만에 부활하셨습니다.

그분은 지금 당신 안에 영으로 살아 계십니다.

그분의 은혜를 받아 누리며 평생 부요하게 사십시오.

당신은 그리스도 안에서 부요한 사람입니다. "우리 주 예수 그리스도의 은혜를 너희가 알거니와 부요하신 이로서 너희를 위하여 가난하게 되심은 그의 가난함으로 말미암아 너희를 부요하게 하려 하심이라."(고후 8:9)

성령님, 믿음의 생각만 하게 해 주세요

당신은 종일 믿음의 생각만 합니까?

아니면 밤낮 의심하며 불안해합니까? 나는 믿음의 생각만 하기 원합니다. 물론 그러지 못할 때도 있습니다.

믿음의 생각이 아니면 무슨 생각을 할까요? 부정적인 생각에 사로 잡혀 매일 염려하고 근심하는 것입니다.

당신은 어떤가요? 눈 뜰 때도 염려가 가득하고 잠잘 때도 근심이 가득하지 않습니까? 하나님은 지금도 졸지도 않고 주무시지도 않고 당신을 위해 일하고 계십니다.

당신도 그런 전능하신 하나님을 믿으십시오.

나는 연초부터 연말까지 하루도 염려하지 않기로 했습니다. 왜일까요? 연초부터 연말까지 하나님이 나를 돌보고 계신다는 것을 믿기 때문입니다. 성경은 말씀합니다.

"또 여호와께서 너희의 조상들에게 맹세하여 그들과 그들의 후손에게 주리라고 하신 땅 곧 젖과 꿀이 흐르는 땅에서 너희의 날이 장구하리라. 네가 들어가 차지하려 하는 땅은 네가 나온 애굽 땅과 같지 아니하니 거기에서는 너희가 파종한 후에 발로 물 대기를 채소밭에 댐과 같이 하였거니와 너희가 건너가서 차지할 땅은 산과 골짜기가 있어서 하늘에서 내리는 비를 흡수하는 땅이요 네 하나님 여호와께서 돌보아 주시는 땅이라. 연초부터 연말까지 네 하나님 여호와의 눈이 항상 그 위에 있느니라."(신 11:9~12)

성령님, 근심하지 않게 해 주세요.

예수님이 말씀하셨습니다.

"너희는 마음에 근심하지 마라. 하나님을 믿으라."

바울은 아무것도 염려하지 말라고 했습니다.

"아무것도 염려하지 말고 다만 모든 일에 기도와 간구

로, 너희 구할 것을 감사함으로 하나님께 아뢰라. 그리하면 모든 지각에 뛰어난 하나님의 평강이 그리스도 예수 안에서 너희 마음과 생각을 지키시리라."(빌 4:6~7)

사실 가장 염려되는 사람이 옥에 갇힌 바울인데 그가 바깥에 있는 사람들을 권면하고 있는 것입니다. 이것을 보면 진정으로 우리를 힘들게 하는 것은 외부의 환경이 아닌 내면의 마음 상태임을 알게 됩니다. 당신은 왜 염려합니까? 이 책을 쓰는 지금 이런 찬송이 흘러나오고 있습니다.

"기도할 수 있는데 왜 염려하십니까?"

하나님의 뜻은 염려가 아닌 기쁨입니다. 두려움이 아닌 평안입니다. 그러려면 말씀 그대로 "아무것도" 염려하지 말아야 합니다. 1도 염려하지 마세요. 다 잘됩니다.

어떤 일에 염려하지 말아야 할까요? "모든 일에"입니다. 하나부터 100까지 모두 염려하지 마세요.

사람은 하루에 오만 가지 생각을 한다고 합니다.

그런 오만 가지 잡생각을 사로잡아 복종시켜야 합니다.

염려하지 않는 것은 당신의 힘으로 능으로 안 됩니다.

오직 성령님의 도우심으로 가능합니다. 믿음의 생각만 하게 해 달라고 성령님께 도움을 구하십시오.

"성령님, 오늘도 믿음의 생각만 하게 해 주세요. 부정적인 생각은 떠오르지 않게 해 주세요."

성령님, 조바심을 갖지 않게 해 주세요.

당신은 어떤 일로 염려합니까?

"염려한다"는 말은 '조바심을 갖는다'는 뜻입니다.

어떤 일에든 조바심을 갖고 힘들어 하지 마십시오.

"마음이 조마조마해서 견딜 수 없어요. 불안해요."

당신이 주인 행세하기 때문입니다. 성령님을 주인님으로 인정하고 그분께 다 양도하면 조바심이 사라집니다.

"성령님께 다 양도했다가 망하면 어떡해요?"

절대로 그렇지 않습니다. 다 성공합니다.

성령님은 당신이 알고 있는 모든 사람과 사건, 상황보다 더 실제적인 분이십니다. 그분은 당신의 모든 세포와 머리털, 손가락과 발가락보다 더 실제적인 분이십니다. 그분은 당신이 가진 모든 지폐와 동전, 수표보다 더 실제적인 분이십니다. 그분은 당신이 관리하는 땅과 빌딩, 아파트보다 더 실제적인 분이십니다. 그분은 모든 청구서와 계약서, 세금보다 더 실제적인 분이십니다. 그분을 온전히 믿으십시오. 그분이 지금도 일하고 계십니다.

기도하고 구하는 것은 이미 받았다고 믿으십시오.

응답이 오면 당신이 안달하던 그 문제가 하루 만에 다 해결되고 당신의 마음에 기쁨이 가득해질 것입니다.

'왜 빨리 응답이 안 오지? 당장 이뤄져야 하는데.'

그렇게 긴장하면서 염려한다고 하나님이 감동받으시는 것이 아닙니다. 주님께서 과연 이렇게 말씀하실까요?

'네가 참 많이 염려하는구나. 그렇게 염려하는 것이 내게 큰 힘이 된다. 나 혼자 못하는 일을 네가 돕고 있다.'

성령님은 그런 분이 아닙니다.

염려가 그분에게 조금이라도 도움이 된다면 성경에 "항상 염려하라. 쉬지 말고 염려하라. 모든 일에 염려하라"고 했을 것입니다. 그러나 성경은 반대로 말합니다. "항상 기뻐하라. 쉬지 말고 기도하라. 범사에 감사하라."

염려는 '앞일에 대해 여러 가지로 마음 쓰며 속을 태운다'는 의미입니다. 그런다고 일이 잘되는 것이 아닙니다.

예수님은 "너희가 염려한다고 키를 한 자나 더할 수 있겠느냐? 머리털 하나라도 희게 할 수 있느냐? 공중 나는 새를 보고 들에 핀 백합화를 보라. 하나님이 먹이고 입히신다"고 하셨습니다. 그들은 염려하지 않습니다.

그런데 왜 당신은 염려합니까? 믿음이 적기 때문입니다. 성령님께 더 큰 믿음을 달라고 도움을 구하십시오.

"성령님, 저에게 더 큰 믿음을 주세요."

당신이 염려하지 않아도 하루 만에 다 주십니다.

하나님은 크고 놀라우신 분입니다.

한 달란트만 있으면 문제가 해결된다

당신은 지금 어떤 문제로 힘들어합니까?

많은 사람이 아닌 한 사람만 있으면 해결되는 경우가 있습니다. 돈도 한 달란트 곧 20억만 있으면 해결됩니다.

만약 통장에 한 달란트 곧 20억이 있다면 당신의 기분이 어떻게 달라질까요? 언제 그랬냐는 듯이 그렇게 고민했던 작은 돈에 대한 고민들이 다 사라질 것입니다.

하나님은 다윗에게 금 10만 달란트 곧 200조 원을 주신 분입니다. 그분은 다윗의 하나님만 아니라 당신의 하나님이기도 합니다. 성경은 이렇게 말씀합니다.

"나의 하나님이 그리스도 예수 안에서 영광 가운데 그 풍성한 대로 너희 모든 쓸 것을 채우시리라."(빌 4:19)

하나님이 채우겠다고 약속하셨다면 어떻게든 채우십니다. 그분의 손길은 당신의 생각과 방법, 경험과 이론을 훨씬 뛰어 넘습니다. 당신은 고작해야 50년, 100년을 살았지만 그분은 6천 년 동안 사람들의 필요를 채우셨습니다.

성령님은 영원하신 분입니다.

당신은 한두 가지 방법으로 머리를 굴리지만 하나님께는 당신의 문제를 해결할 방법이 수억 가지가 있습니다.

그리고 대부분의 문제는 한 사람 또는 한 달란트면 해

결됩니다. 수십 명이나 수만 달란트가 필요한 것이 아닙니다. 그렇지 않나요? 하나님이 그것을 주실 것입니다.

그분은 여호와 이레 '준비하시는 하나님'입니다.

한 사람만 있으면 문제가 해결된다

당신은 지금 사람을 구하고 있지 않습니까?

한 사람만 있으면 해결됩니다. 많은 사람이 아닙니다.

아내가 지방의 아파트 한 채를 사서 전세로 주고 있었는데 만기일이 다가와 세입자가 바뀌게 되었습니다.

그분은 10년 살다가 새 아파트를 사서 이사하게 되었고 아내는 새로운 세입자를 구하지 못해 마음을 졸였습니다.

그때 주님은 아무것도 염려하지 말라고 하셨습니다.

그리고 정말 보름 남았을 때 한 사람이 계약하겠다고 연락 왔고 그 문제가 쉽게 해결되었습니다.

하나님의 놀라운 은혜입니다.

그 집에 전세로 들어올 사람은 그 도시에 있는 수천 명이나 수십만 명이 아닌 딱 한 사람입니다. 하나님은 그 한 사람을 한 달이나 1년 전에 미리 준비시키십니다.

하나님께는 그런 일이 쉽습니다. 하나님께는 그 한 사

람이 통의 한 방울 물과 같이 작습니다. "보라, 그에게는 열방이 통의 한 방울 물과 같고 저울의 작은 티끌 같으며 섬들은 떠오르는 먼지 같으니라."(사 40:15)

아무리 큰 문제도 하루 만에 해결된다

당신은 하루에 천만 원을 받은 적이 있습니까?

나는 하루 만에 그런 돈을 받은 적이 몇 번 있습니다.

사람들은 천만 원을 크게 여기지만 하나님은 그렇지 않습니다. 그분은 천만 원짜리 수표를 한 장도 주시고 열 장도 주십니다. 그 정도의 기도 응답은 많이 주십니다.

"천만 원, 그렇게나 많이요?"

아닙니다. 그분께는 한 달란트 곧 20억이 통의 한 방울 물처럼 작습니다. 어떤 문제든 크게 생각하십시오.

나는 한 기업인이 대통령 출마자에게 천만 원을 기부했다는 신문 기사를 본 적이 있습니다. 그 당시에는 개인이 기부할 수 있는 최대 금액이 천만 원이었다고 합니다.

그 기업인은 자기가 자란 시골 마을에도 천만 원을 기부했는데 그것도 신문 기사로 났습니다. 1억, 10억도 아닌 천만 원입니다. 당신도 그런 돈을 많이 기부하기 바랍니다. 성령님께는 천만 원이 아주 작은 돈입니다.

1만 원짜리 물건을 천 개 팔아야 천만 원을 버는데 하나님은 천만 원이란 돈을 하루 만에 주십니다. 만약 장사해서 남는 수익이 10퍼센트라면 1만 원짜리 물건을 만 개 팔아야 할 것입니다. 사람이 그렇게 열심히 장사해서 돈을 버는 것도 잘하는 일이지만 그것만 갖고는 안 됩니다.

하루에 1억, 10억 주시는 전능하신 하나님의 손길도 기대해야 합니다. 작은 부자는 성실함에서 나오고 큰 부자는 하나님의 은혜로 나옵니다. 더욱 큰 은혜를 사모하세요.

당신에게 하나님의 은혜가 더욱 많기를 바랍니다.

사람들은 '은혜'라고 하면 영적인 것만 생각하는데 꼭 그렇지만은 않습니다. 성경에는 재정적인 문제에 대해서도 "은혜다. 당신에게 은혜를 입었다"고 말합니다. "우리 주 예수 그리스도의 은혜를 너희가 알거니와 부요하신 이로서 너희를 위하여 가난하게 되심은 그의 가난함으로 말미암아 너희를 부요하게 하려 하심이라."(고후 8:9)

이런 은혜가 당신에게 많이 있기를 바랍니다.

그가 한 사람을 앞서 보내셨음이여

하나님은 당신을 위해 언제부터 일하실까요?

코앞에 닥쳤을 때가 아닌 수십 년 전부터 계획하십니다. 지금도 당신이 눈에 보이지 않지만 뭔가 많은 일들이 진행되고 있다는 사실을 알고 기다려야 합니다.

다니엘이 기도했을 때 천사가 뭐라고 했습니까?

"네가 입을 열고 기도를 시작하는 순간 하나님이 나를 보내셨다"고 했습니다. 다니엘의 기도가 끝나기도 전에 하나님이 응답의 천사를 보내신 것입니다.

당신이 "하나님" 하면서 첫 마디를 내뱉는 순간 하나님이 천사를 보내십니다. 하나님은 굼벵이나 지렁이가 아닌 번개와 천둥처럼 빠르게 일하십니다. "그가 화살을 날려 그들을 흩으시며 번개로 무찌르셨다."(삼하 22:15)

모든 기도 응답은 1초면 끝납니다. 사람들은 말합니다.

"죽은 지 사흘이나 되었어. 냄새가 진동해."

그가 살아나는데 하루면 충분합니다.

사람들은 남은 날짜를 손꼽으며 말합니다.

"10일 밖에 남지 않았어. 시간이 너무 촉박해."

하나님께는 촉박한 일이 없습니다. 그분은 다르게 말씀하십니다. "10일이나 남았네, 시간이 너무 많아."

그게 어떤 일이든 하나님께는 하루면 충분합니다.

나를 따라 이렇게 말해 보십시오.

"하나님께는 하루면 충분하다. 쉽다."

하나님은 그 일을 위해 10년, 20년 전부터 준비하셨고 그 모든 일을 차례대로 정확하게 진행하고 계십니다.

사람들은 자기가 정한 기한 내에 응답이 하루라도 빨리 오기를 원합니다. 그래야 마음이 편하고 모든 일이 평온하게 진행된다고 생각하기 때문입니다. 하지만 하나님은 전체를 보며 완벽하게 일하고 계시며 1초도 늦지 않고 정확하게 응답하십니다. 사람들은 밤낮 울며 기도합니다.

"하나님, 내 인생에 이런 큰 문제가 생겼습니다. 이 일을 어떻게 하면 되나요? 앞뒤가 다 막혔습니다."

하지만 하나님은 당신이 구하기도 전에 그것이 있어야 할 줄 다 알고 계십니다. 그분은 전능하신 분입니다.

야곱과 그의 가족이 7년 흉년으로 인해 다 굶어 죽게 되었을 때 어떤 일이 있었습니까? "여호와께서 미리 한 사람을 보내셨음이여"라고 했습니다. 언제 보내셨습니까?

요셉이 17세일 때 가족을 떠나 애굽으로 먼저 가서 30세에 국무총리가 되게 하셨습니다. 하나님께서 그로 하여금 7년 풍년과 7년 흉년의 기간에 애굽 전역을 통치하며 기근을 이기게 하셨습니다. 시편 105편을 보십시오.

"그가 또 그 땅에 기근이 들게 하사 그들이 의지하고 있는 양식을 다 끊으셨도다. 그가 한 사람을 앞서 보내셨음이여, 요셉이 종으로 팔렸도다. 그의 발은 차꼬를 차고 그의 몸은 쇠사슬에 매였으니 곧 여호와의 말씀이 응할 때까지라. 그의 말씀이 그를 단련하였도다. 왕이 사람을 보내어 그를 석방함이여, 뭇 백성의 통치자가 그를 자유롭게 하였도다. 그를 그의 집의 주관자로 삼아 그의 모든 소유를 관리하게 하고 그의 뜻대로 모든 신하를 다스리며 그의 지혜로 장로들을 교훈하게 하였도다."(시 105:16~22)

사람이 볼 때 어떤 것은 빠르고 어떤 것은 느리지만 하나님은 전체를 보고 계시며 모든 일을 정확하게 진행하십니다. 성경 어디에 그런 내용이 나올까요? 하나님께서 노아에게 홍수를 대비해 방주를 지으라고 하셨을 때 빨리 달리는 표범과 천천히 기는 달팽이가 같은 날 도착하도록 지시하셨고 빨리 나는 독수리와 날지 못하는 닭이 같은 날 도착하도록 지시하셨을 것입니다. 예수님이 베들레헴에서 탄생하실 때도 멀리서 온 동방 박사는 부근에서 온 목동들에 비해 훨씬 일찍 출발했을 것입니다. 그렇지 않나요?

그분은 당신을 위해서도 이와 같이 일하고 계십니다.

그분이 당신에게 필요한 한 사람을 보내셨습니다.

그 사람이 지금 당신에게로 가고 있습니다.

조금만 더 참고 기다리십시오.

곧 기적이 일어납니다.

받은 줄로 믿으면 그대로 된다

예수님이 제자들에게 말씀하셨습니다.

"무엇이든지 기도하고 구하는 것은 받은 줄로 믿으라. 그리하면 너희에게 그대로 되리라."(막 11:24)

언제 받은 줄로 믿어야 합니까? "기도가 끝난 후에"가 아닙니다. "기도하고 구하는 중에" 이미 받았다고 믿으라고 했습니다. 당신이 입을 열어 첫 마디를 꺼내 구하는 중에 벌써 하나님은 당신의 기도를 들으셨고 그에 대한 응답을 보냈다는 말씀입니다. 그 기도 응답이 지금 당신에게로 가고 있습니다. 이 사실을 믿고 조금도 의심하지 마십시오. 그분은 1초도 늦지 않고 정확하게 응답하십니다.

그동안 부정적인 생각이나 말을 하지 않도록 조심해야 합니다. 하나님은 믿음의 생각과 말을 기뻐하시며 의심의 생각과 말을 싫어하십니다. 의심의 생각과 말은 하나님의 마음을 상하게 합니다. 그러므로 믿음의 생각이 아니면 생각하지 말고 믿음의 말이 아니면 말하지 마십시오.

왜 염려하고 근심하며 힘들어 합니까?

받은 줄로 믿지 않고 받을 줄로 믿기 때문입니다.

받을 줄로 믿는 것은 믿음이 아닌 소망입니다. 소망의 기도에는 하나님의 응답이 없습니다. 야고보 사도는 병 고

침 받는 문제에 대해서도 "소망의 기도는 병든 자를 구원한다"고 하지 않고 "믿음의 기도는 병든 자를 구원한다. 주께서 저를 일으키시리라"고 했습니다.

나는 어떤 문제가 생기면 아내와 산책할 때 특히 생각과 말을 조심합니다. 부정적인 생각을 하거나 그런 말이 입 밖으로 튀어나오지 않도록 항상 깨어 있습니다.

이것은 내 힘으로 안 됩니다.

그래서 나는 성령님께 도움을 구합니다.

"성령님, 제가 부정적인 생각을 하지 않고 믿음의 생각만 하게 해 주세요. 믿음의 말만 하게 해 주세요."

생각을 다스리면 말은 저절로 다스리게 됩니다. 사람이 마음에 가득한 것을 입으로 말하기 때문입니다. 마음에 어떤 생각이 가득하면 그것을 말하지 않고는 견딜 수 없어 종일 입이 근질근질합니다. 그러므로 열매와 같은 입술의 말을 갖고 억지로 통제하려고 씨름하지 말고 말의 뿌리인 생각을 다스리도록 성령님께 도움을 구해야 합니다.

성령님께 도움을 구하면 그분은 부정적인 생각이 아예 안 나도록 지우개로 그걸 지우십니다. 그러면 그 내용이 전혀 안 떠오르게 됩니다. 성경에 그런 경우가 나옵니다.

언제일까요? 요셉이 술 맡은 관원장의 꿈을 해몽해 준 다음, 그에게 간절히 구원을 부탁했을 때입니다.

"나는 죄를 지은 적도 없고 여기에 있을 사람이 아닙니다. 바깥에 나가면 제발 나를 구원해 주세요."

그가 순간 하나님을 의지하지 않고 사람을 의지한 것입니다. 하나님은 술 맡은 관원장의 머릿속에서 요셉이란 이름을 지우셨습니다. 1년, 2년이 지나는 동안 그 이름이 전혀 떠오르지 않았습니다. 나중에 바로 왕이 꿈을 꾸고 그것을 해몽하는 사람이 없어 힘들어 할 때, 하나님이 그의 머리에 요셉이란 이름이 다시 떠오르게 하셨습니다.

나도 그런 적이 많습니다. 갑자기 어떤 내용이 머릿속에 안 떠오릅니다. 아무리 애쓰며 떠올리려고 해도 전혀 안 떠오릅니다. 그럴 때 나는 이렇게 생각합니다.

'하나님이 내 머리에서 그 내용을 지우셨구나.'

때로는 몇 년간 잊힌 것을 문득 떠올리십니다.

그것도 반복해서 여러 번 떠올리십니다.

'아들아, 내가 그때 너를 도운 것을 잊지 마라.'

'그 사람이 너에게 어떻게 했는지 기억하라.'

그러면 내 눈에서는 뜨거운 감사의 눈물이 흐릅니다.

"주님, 감사합니다. 그런 일이 있었군요."

성령님, 믿음의 생각만 하게 해 주세요.

당신은 어떤 일에 성령님께 도움을 구합니까?

나는 생각을 다스리는 일에 도움을 많이 구하는 편입니다. "무릇 지킬 만한 것보다 더욱 네 마음을 지키라. 생명의 근원이 이에서 난다"고 했습니다. 마음이 부정적인 생각에 잡히면 금방 우울해지고 답답해집니다. 그러기 전에 새벽에 눈을 뜨면 가장 먼저 성령님께 도움을 구합니다.

"성령님, 오늘도 부정적인 생각이 떠오르지 않게 해 주세요. 믿음의 생각만 떠오르게 해 주세요."

그러면 성령님이 내 생각을 만지며 통제하십니다.

내 마음을 지키는 것, 생각을 다스리는 것은 내 힘으로 안 됩니다. 하지만 성령님께 도움을 구하면 그분이 실제로 도우십니다. 생각이 가장 중요합니다. 당신이 성령님의 도우심으로 부정적인 생각을 하지 않으면 부정적인 말을 하지 않게 되고 부정적인 행동도 하지 않게 됩니다.

부정적인 것에 대해 마음 문을 닫고 그런 기사와 뉴스를 보지 마십시오. 거룩한 것만 보십시오. 잡다한 세상 뉴스를 보고 가족에게 옮기지 마십시오. 세상 뉴스의 대부분이 '사람 죽은 이야기와 사건, 사고'입니다. 당신은 그런 이야기가 아닌 '예수님의 죽으심'을 전달해야 합니다.

성령님은 거룩하신 분입니다. 성령님처럼 거룩한 생각만 하고 이를 위해 날마다 성령님께 도움을 구하십시오.

"성령님, 세상 뉴스를 옮기기 않게 해 주세요. 세상사람 죽은 이야기가 아닌 하나님의 아들 예수님이 죽으시고 부활하신 이야기만 옮기게 해 주세요. 부탁합니다."

바울은 그렇게 하겠다고 결단했습니다. "내가 너희 중에서 예수 그리스도와 그가 십자가에 못 박히신 것 외에는 아무것도 알지 아니하기로 작정하였음이라."(고전 2:2)

당신도 날마다 그렇게 하기 바랍니다.

당신은 복음 전도자입니다.

믿음의 생각만 하라. 제 2 부 – 김열방

믿음의 은사가 당신으로 숨 쉬게 한다

당신은 믿음의 은사에 대해 아십니까?

나는 20세에 길을 걷던 중 성령님의 임재하심과 기름 부으심을 경험하고 내 인생이 완전히 바뀌었습니다.

그날 나는 방언과 예언의 은사를 받았고 그 외에도 여러 가지 은사들을 받았습니다. 그 중에서 내 인생과 사역에 큰 힘이 된 세 가지 은사를 말하라면 방언의 은사, 지혜의 말씀의 은사, 믿음의 은사입니다. 왜일까요?

방언의 은사는 나로 하여금 끝도 없이 영으로 기도할 수 있는 '기도의 힘'을 주었습니다. 기도는 영적인 힘의 근원이고 하나님과 올바른 관계를 유지하는 비결입니다.

방언을 받지 못한 사람들과 방언에 대해 부정적인 견해를 가진 사람들이 뭐라 하든, 방언의 은사는 내 인생에 말로 다 표현할 수 없을 정도의 큰 도움이 되었습니다.

내가 방언으로 기도하지 못했다면 아마 하루에 한 시간 이상 기도하는 것이 무척 고되고 힘들었을 것입니다. 내가 방언으로 기도할 수 있기 때문에 하루에 한 시간은 금방 지나가고 매일 3시간에서 10시간씩 기도할 수 있게 되었습니다. 어제도 오전 6시부터 오후 5시까지 11시간 기도했는데 그런 '종일 기도' 시간이 금방 지나갑니다.

나는 매일 9시~5시까지 종일 기도를 계획하고 방언과 한국말을 섞어서 기도하는데 그럴 때마다 기도 시간이 짧다, 금방 지나간다, 시간이 부족하다고 느낄 정도입니다.

당신도 방언으로 기도를 많이 하기 바랍니다.

방언의 유익에 대해 더 자세히 알고 싶으면 내가 쓴 〈축복 기도〉라는 책을 구입해서 읽어보십시오. 성경에서 말하는 방언의 유익에 대해 확신을 얻게 될 것입니다.

지혜의 말씀의 은사는 하나님의 말씀을 잘 깨닫고 정립하고 적용하고 전달하는 은사입니다. 아무리 히브리어, 헬라어, 영어 등의 언어를 잘 알고 설교에 대한 많은 자료를 갖고 있어도 성령의 나타남인 지혜의 말씀의 은사와는 비교할 수 없습니다. 베드로와 스데반, 빌립을 보십시오.

베드로와 스데반은 설교 원고 없이도 성경 전체를 꿰뚫으며 예수 그리스도 복음을 강력하게 전했습니다. 스데반과 빌립은 사도나 선지자나 목사가 아닌 집사였습니다. 그런데도 성경이 무엇을 말하는지 잘 알았습니다. 예수님은 "너희가 영생을 얻기 위해 성경을 상고한다. 이 성경은 나에 대해 증언하는 것이다"라고 말씀하셨습니다.

스데반과 빌립은 그것을 알고 명확하게 전달했습니다.

설교학 교수는 학생들에게 "이렇게 하는 것이 잘하는 설교다"라며 온갖 원리와 방법, 지식과 경험을 가르칩니다. 하지만 스데반은 달랐습니다. 그는 가말리엘 문하생도 아니었고 유명한 신학교를 졸업하거나 박사 학위를 가진 것도 아니었지만 성경 전체를 머리에 떠올리며 끝도 없이 설교했고 예수 그리스도 복음을 핵심으로 전했습니다.

빌립 집사는 어떤 설교 원리나 기술도 없었습니다.

그는 오직 '예수 그리스도의 이름과 하나님 나라'에 대해 전파했는데 그 결과 많은 사람들이 그리스도를 믿었습니다. 또한 그들에게 붙었던 귀신이 쫓겨 나가고 병이 나았고 그 성에 큰 기쁨이 있었습니다. 오늘날 신학박사, 철학박사 학위를 가진 사람들 중에 예수 그리스도의 이름과 하나님의 나라에 관한 것만 빼고 설교하는 사람이 얼마나 많은지 모릅니다. 빌립이 무엇을 전했다고요?

"빌립이 하나님 나라와 및 예수 그리스도의 이름에 관하여 전도함을 그들이 믿고 남녀가 다 세례를 받으니."(행 8:12) 빌립은 두 가지를 전했습니다.

첫째, 하나님 나라가 권능으로 이 땅에 임했다.

둘째, 예수 그리스도의 이름에 관하여

당신은 이 두 가지를 강력하게 전하는 설교자를 본 적이 있습니까? 이 두 가지를 전하면 어떤 일이 생길까요?

"많은 사람에게 붙었던 더러운 귀신들이 크게 소리를 지르며 나가고 또 많은 중풍병자와 못 걷는 사람이 나으니 그 성에 큰 기쁨이 있더라."(행 8:7~8)

네 가지 기적이 일어났습니다. 무엇일까요?

첫째, 영혼 구원입니다. 그들이 믿고 남녀가 다 세례를 받았습니다. 셀 수 없을 정도로 많은 영혼 구원의 역사가 하루 만에 일어난 것입니다. 이것이 가장 큰 기적입니다.

둘째, 축사의 기적입니다. 많은 사람에게 붙었던 더러운 귀신들이 크게 소리를 지르며 나갔습니다. 이 얼마나 귀한 일입니까? 귀신이 쫓겨 나가는 것은 예수님 오신 후로 “하나님의 나라가 권능으로 임했다”는 표적입니다.

셋째, 치유의 기적입니다. 많은 중풍병자와 못 걷는 사람이 나았습니다. 그들의 절망적인 인생이 바뀌었습니다.

넷째, 그 성에 큰 기쁨이 있었습니다. 그들의 마음은 환희에 가득 찼고 입술에는 기쁨이, 온 몸에는 즐거움이 넘쳐서 다들 손을 들고 덩실덩실 춤출 정도였습니다.

이것이 진정한 설교의 힘입니다. 당신은 이런 설교를 하고 있습니까? 또 이런 설교를 듣고 있습니까?

왜 설교에 아무런 권능이 나타나지 않을까요?

성령님과 예수 이름이 빠져서 그렇습니다.

성령님과 인격적인 교제를 나누며 그분을 존중하고 의지하십시오. 그리고 오래 기도하십시오. 성령님의 인도하심을 따라 예수 그리스도의 이름과 하나님 나라에 관한 것을 전하십시오. 잡다한 것을 전하지 마십시오.

잡다한 것을 빼고 오직 성경 말씀을 통해 하나님 나라와 및 예수 그리스도의 이름에 관하여 전하십시오.

이것은 육신의 생각으로는 되지 않습니다.

그러므로 매일 성령님께 도움을 구해야 합니다.

“성령님, 오늘도 예수의 이름과 예수의 피를 많이 사용하고 많이 가르치게 해 주세요. 예수님이 십자가에서 다 이룬 복음을 많이 누리고 많이 가르치게 해 주세요."

또한 이렇게 말씀드리며 도움을 구하십시오.

"성령님, 제가 빌립처럼 하나님 나라와 및 예수 그리스도의 이름에 관하여 전하게 해 주세요."

나는 믿음의 힘으로 산다

당신은 하루하루를 어떤 힘으로 살고 있습니까?

나는 믿음의 힘으로 살고 있습니다. 그래서 내게는 믿음의 은사가 귀합니다. 기도를 오래 하게 해주는 '방언의 은사'도 귀하고 하나님의 말씀을 잘 전하게 해주는 '지혜의 말씀의 은사'도 귀하지만 내 삶과 사역을 지탱시켜 주는 '믿음의 은사'는 정말 억만금을 주고도 살 수 없을 정도로 귀한 은사입니다. 믿음의 은사는 다른 은사들과는 전혀 다른 측면에서 내게 큰 도움이 되었습니다. 어떤 도움일까요? 히브리서 10장 32~39절에 자세히 나옵니다.

"전날에 너희가 빛을 받은 후에 고난의 큰 싸움을 견디어 낸 것을 생각하라. 혹은 비방과 환난으로써 사람에게 구경거리가 되고 혹은 이런 형편에 있는 자들과 사귀는 자가 되었으니 너희가 갇힌 자를 동정하고 너희 소유를 빼앗기는 것도 기쁘게 당한 것은 더 낫고 영구한 소유가 있는 줄 앎이라. 그러므로 너희 담대함을 버리지 말라. 이것이 큰 상을 얻게 하느니라. 너희에게 인내가 필요함은 너희가 하나님의 뜻을 행한 후에 약속하신 것을 받기 위함이라. 잠시 잠깐 후면 오실 이가 오시리니 지체하지 아니하시리라. 나의 의인은 믿음으로 말미암아 살리라. 또한 뒤로 물러가면 내 마음이 그를 기뻐하지 아니하리라 하셨느니라. 우리는 뒤로 물러가 멸망할 자가 아니요 오직 영혼을 구원함에 이르는 믿음을 가진 자니라."

여기에 대해 하나씩 살펴보면 도움이 됩니다.

고난의 큰 싸움을 견디어 내라

"전날에 너희가 빛을 받은 후에 고난의 큰 싸움을 견디어 낸 것을 생각하라."(히 10:32)

당신이 빛이신 예수를 구주로 믿는 순간 고난의 큰 싸움이 시작됩니다. 하지만 예수 그리스도는 어떤 문제보다 더 큰 빛으로 당신 안에 들어와 계십니다. 그분은 참 빛 곧 세상에 와서 비취는 빛이고 그분을 영접하는 순간 당신은 빛의 자녀가 되었고 세상의 빛이 되었습니다. 빛을 받은 후에 마냥 행복하고 즐겁기만 하면 얼마나 좋을까요? 그렇지 않습니다. '고난의 큰 싸움'이 일어납니다.

그날부터 영적 전쟁이 시작됩니다.

내가 20세에 빛이신 예수님을 만나고 그분이 내 마음에 들어오신 순간 악한 영의 존재가 인지되었습니다. 전에는 알지 못했는데 악한 영이 내 주변에 서성이고 있는 것이 인지되었고 그것은 몸으로도 감지될 정도였습니다.

순간 두렵고 무서운 마음이 생겼습니다. 그때 주님께서 내 마음에 말씀하셨습니다. '아들아, 두려워하지 마라. 내가 너와 함께 있다. 강하고 담대하라. 예수 이름으로 꾸짖으며 마귀를 대적하라. 그러면 그가 너를 피할 것이다.'

나는 예수 이름으로 명령하며 마귀를 대적했습니다.

고난과 고생은 다릅니다. 고생은 무지해서 고통을 당하는 것이고 고난은 하나님의 말씀 곧 복음 때문에 박해와 시련을 겪는 것입니다. 예수님은 제자들에게 "너희가 내 이름 때문에 박해를 받고 환난을 겪을 것이다. 그러나 담대하라"고 하셨습니다. 그리고 세상을 이기신 예수님이 영원토록 그들과 함께 하겠다고 약속하셨습니다.

당신이 주님을 만나고 믿음의 길을 걸을 때 어려움이 없는 것이 아닙니다. 아브라함, 이삭, 야곱, 요셉, 모세, 다윗 등 믿음의 조상들을 보면 그들 모두에게 큰 환난과 시련이 있었습니다. 이전까지 평안했는데 빛이신 주님을 만나고부터는 고난의 큰 싸움이 시작되었던 것입니다.

이런 고난의 큰 싸움에는 내면의 저항과 외부의 반대가 있습니다. 그렇습니다. 당신이 하나님의 음성을 듣고 믿음으로 움직일 때 고난의 큰 싸움이 일어납니다.

이 싸움은 지지 말고 반드시 이겨야 합니다.

아브라함은 하나님의 음성을 듣고 본토를 떠난 순간부터 25년 동안 고난의 큰 싸움을 겪었는데 대부분 내면의 저항이었습니다. 외부와의 전쟁은 몇 번뿐이었고 내면의 저항 때문에 미칠 지경이었습니다. 외부와의 싸움은 집에서 길리운 종들을 데리고 나가 싸워 이기고 돌아오면 그만이었고 한동안 다시 그럴 일이 없었습니다. 하지만 내면의 저항 곧 '믿음의 선한 싸움을 싸우는 일'에 대해서는 하루도 그냥 지나가는 날이 없을 정도였습니다.

하나님은 "너는 믿음의 조상이다. 네 자손이 하늘의 별과 같고 바닷가의 모래알 같이 많다"고 하셨지만 눈에 보이는 것, 손에 잡히는 것은 하나도 없었고 하나님이 맹세하신 언약 곧 '음성'뿐이었습니다. 그 음성을 붙들고 믿음으로 모든 시련을 견뎌야 했습니다.

하루하루가 너무 힘들어 믿음이 없이는 살아갈 수 없을 정도였습니다. 주위에서 수군거리는 소리가 끊이지 않았습니다. 어떤 이는 대놓고 말했을 것입니다.

"당신이 아브라함, 큰 민족의 조상이고 많은 자손들의 아버지라고요? 그 자손들은 다 어디 있나요? 당신은 자식이 없고 나이는 많이 들었습니다. 사라도 아기를 가질 수 있는 나이가 이미 오래 전에 지났습니다. 제발 황당한 꿈에서 깨어나세요. 당신이 처한 현실을 바라보세요."

그런 아브라함이 결국 100세에 아들을 낳았습니다.

하나님은 "네 자손이 하늘의 별과 같고 바닷가의 모래알 같이 많을 것이라"고 하셨는데, 그는 평생 단 한 명만 낳아 키웠습니다. 당신도 그렇게 할 수 있겠습니까?

아들 하나 있는 것도 정말 감사한 일이지만 그 아들을 키우는 내내 하나님의 말씀과는 다르다고 생각했을 것입니다. 게다가 아들 이삭은 40세에 결혼해서 60세가 되어서야 쌍둥이를 가지게 되었습니다. 20년 동안 아기를 갖지 못한 그의 심정은 어땠을까요? 그는 아버지 아브라함이 받은 언약을 떠올리며 이렇게 중얼거렸을 것입니다.

"아버지가 내게 하늘의 별과 같은 후손들이 있을 거라고 이야기했지만 나와는 상관이 없어. 절망이야."

모든 것이 사람 편에서 볼 때 더디기만 했습니다.

"그래도 아브라함은 결국 큰 인물이 되었잖아요. 성경에 믿음의 조상으로 나옵니다. 나중에는 그 언약대로 다

되었다고 신명기 10장 22절에 기록되어 있어요."

그렇습니다. 신명기 10장 22절을 보십시오. "애굽에 내려간 네 조상들이 겨우 칠십 인이었으나 이제는 네 하나님 여호와께서 너를 하늘의 별 같이 많게 하셨느니라."

당신의 삶과 사역에 대해서도 수백 년이 지난 후에는 누군가 그렇게 말할 것입니다.

"와, 정말 하늘의 별과 같이 많아졌군요."

지금 당신의 마음이 힘들다는 것이 문제입니다.

당신이 주 안에서 큰 꿈을 가졌는데 시작이 미약하고 또 그 미약함이 오래 간다면 마음이 무척 힘들 것입니다.

나도 성도 한 명을 놓고 예배한 적이 있습니다. 한 명도 없이 예배한 적도 있습니다. 물론 나와 아내, 네 명의 자녀 등 우리 가족이 있으니까 한 명도 없이 예배한 적은 없지만 외부에서 온 성도는 한 명도 없을 때가 있었습니다.

지하에 살면서 월세를 제대로 못내 쫓겨날 지경이 된 적도 있습니다. 어떤 교회든 처음 개척하면 그런 법이죠.

그런데 개척한 지 10년이 지났는데도 그렇다면 어떨까요? 만약 당신이 교회를 개척했는데 한 명만 와서 예배당에 앉아 있다고 생각해보세요. 아니 개척하고 10년, 20년이 지났는데 한 명도 오지 않았다고 생각해 보세요.

과연 어떨까요? 지금 수천 명, 수만 명이 된 교회들 중에도 과거에 그랬던 교회들이 여럿 있습니다.

한 목회자는 이렇게 말했습니다.

"나는 교회를 개척한 후에 금방 크게 성장할 줄 알았어요. 기도만 하면 하나님이 그런 복을 주신다고 했거든요. 하지만 1년이 지나고 10년이 지나도 성도는 두세 명 뿐이었어요. 정말 교회 문을 닫고 목회를 포기하고 싶었던 적이 하루에 열두 번도 더 있었어요. 다른 교회가 이렇게 하니 크게 성장했다는 말을 듣고 찾아가 배운 그 모든 방법을 동원해도 우리 교회에는 성도가 안 와요. 안 될 때는 별 짓을 해도 안 되는 것 같아요. 하루에 10시간 기도가 아니라 매일 금식 철야해도 성도가 안 와요. 모든 문이 닫혀 있고 끝도 없는 터널을 지나는 것 같아요. 터널 끝에 도착했다 싶으면 막혀 있어요. 숨이 콱콱 막히고 머리가 어지러워요. 그것도 하루 이틀이 아닌 매일, 장기간 그래요."

선교 현장에도 그런 경우는 많습니다. 25년 동안 한 명도 전도하지 못한 선교사님이 있습니다. 그런데도 여러 교회로부터 정기 후원을 받습니다. 그래도 괜찮을까요?

괜찮습니다. 그래도 그분들은 변함없는 하나님의 종입니다. 아브라함도 엘리야도 그랬습니다.

기도원에도 그런 사람이 있습니다. 25년 동안 기도했는데 응답을 하나도 받지 못합니다. 사도 바울이 로마 옥에서 편지 쓸 때의 기분은 어땠을까요? 사도 요한이 밧모 섬에서 계시록을 기록할 때의 심정은 어땠을까요?

그런데 어느 날부터 하나님의 응답이 오기 시작하고 엄청난 기적이 일어나기 시작합니다. 사람들은 겉으로 드러난 성공만 보고 배후에 어떤 일이 있었는지 모릅니다.

한 목사님은 이런 간증을 했습니다.

"나는 부흥을 위해 20년간 기도했다. 그동안 아무 일이 없었다. 그런데 어느 날부터 회중에 날마다 큰 기름 부으심이 나타나기 시작했고 세계적인 부흥이 일어났다."

나도 그런 일을 경험한 적이 몇 번 있습니다.

하루에 몇 시간씩 기도했지만 아무 일이 없었습니다.

그래도 골방에서 무릎 꿇고 기도하고 또 기도했습니다.

그러자 몇 개월 후에 성령님의 기름 부으심이 온 교회에 나타나기 시작했습니다. 어린아이로부터 노인에 이르기까지 다들 성령을 받고 회개하고 방언을 받고 귀신이 쫓겨 나갔습니다. 하나님은 반드시 기도에 응답하십니다.

씨앗이 심겨지면 싹이 나고 가지가 자라고 열매를 맺는데 긴 시간이 필요합니다. 열매 맺는 때가 언제인지는 아무도 모릅니다. 오직 하나님 아버지만 아십니다.

모세는 하나님의 음성을 듣고 바로 왕 앞에 서서 그와 큰 싸움을 치러야 했습니다. 하나님의 지팡이를 손에 들고 열 가지 재앙을 일으키며 이스라엘 백성들을 430년 노예 생활에서 광야의 길로 이끌어 냈습니다. 그런 외부와의 싸움도 컸지만 그보다 백배나 더 큰 싸움은 모세의 내면에서 일어나는 부정적인 생각과의 싸움이었습니다.

그는 처음부터 이렇게 말했습니다.

"나는 할 수 없습니다. 다른 사람을 보내소서."

광야의 길을 걷는 내내 갈등하고 고민했습니다.

'내가 이들을 낳았는가? 끊임없이 원망하고 불평하는 이들을 어떻게 해야 하나? 이들 중에 많은 사람들이 길에서 쓰러져 죽었다. 나는 정말 하나님의 종인가? 우리는 정말 하나님이 약속하신 가나안 땅에 들어갈 수 있을까?'

모세의 마음은 깨어지고 또 깨어졌습니다. 그는 항복하고 또 항복했습니다. 양도하고 또 양도했습니다. 안타깝게도 그런 그가 가나안 땅에 들어가지 못했습니다.

그런데도 하나님은 이렇게 말씀하셨습니다.

"모세는 내 집에 충성된 종이었다."

한 명의 성도를 놓고 목회했던 엘리야는 갈멜산에서 큰 승리를 거두었습니다. 하늘에서 불이 떨어졌습니다. 그는 칼을 들고 수백 명의 거짓 선지자들을 쳐 죽였습니다.

그런 그가 아합 왕의 아내 이세벨의 말을 듣고 먼 길을 달려 동굴 속에 숨었습니다. 그리고 말했습니다.

"죽고 싶습니다. 당장 저를 죽여주세요."

그는 극심한 우울과 좌절을 느꼈습니다. 당신도 지금 극심한 우울과 좌절을 느끼고 있지 않습니까? 밤에는 잠이 안 오고 내일이 다가오는 것이 무섭지 않습니까?

요나와 욥, 이사야와 예레미야를 보십시오. 그들의 삶과 사역이 어땠습니까? 그들은 모두 고난의 큰 싸움을 했고 가족과 주위 사람들의 구경거리가 되었습니다.

당신도 지금 주위 사람들의 구경거리가 아닌가요?

낙심하지 마세요. 하나님이 함께 하십니다.

반전의 하나님을 믿으라

"혹은 비방과 환난으로써 사람에게 구경거리가 되고 혹은 이런 형편에 있는 자들과 사귀는 자가 되었으니."(히 10:33)

당신은 사람들에게 구경거리가 된 적이 없습니까?

나는 여러 번 그런 적이 있습니다. 왜일까요? 사람들이 외모로 나를 판단했기 때문입니다. 나의 허름한 모습이 그들에게는 웃음거리였습니다. 그들이 볼 때 나는 형편없는 실패자였고 그들의 눈에 보이는 것이 전부였습니다.

부정적인 사람은 이렇게 말했습니다.

“네가 하나님께 복을 받았다더니 꼴좋다. 다 떨어진 신발에 차도 차비도 없지 않느냐? 똥물이 차고 넘치는 지하방과 지하 교회에서 도대체 뭐 하느냐? 너를 보니 눈물 밖에 안 난다. 앞으로 어떻게 살아갈 거냐? 답이 없다.”

나는 월세를 9개월 치나 못 내 쫓겨나다시피 나온 적이 있습니다. 마지막 날 집 주인은 나타나지도 않았고 주인 대신 모든 일을 위임받은 부동산 사장이 나를 불러 공과금을 제한 잔금 352,110원을 내주면서 비웃었습니다.

“김열방 목사님, 도대체 이게 뭐에요? 가난한 목사님이 잠실 땅에 와서 아이들 네 명 키우면서 월세도 못 내고.”

그리고 몇 년 후에 내가 메르세데스 벤츠를 몰고 넓은 단독주택을 사러 그 부동산에 가자 그분이 밖으로 나와서 나를 보고는 깜짝 놀라며 큰 소리로 말했습니다.

“와, 반전이네요. 이럴 수가 있나요?”

하나님이 원수의 눈앞에서 상을 차려 주신 것입니다.

얼마 후에 나는 성도들에게 이렇게 설교했습니다.

“우리가 믿는 하나님은 반전의 하나님이십니다. 반전의 하나님을 믿으세요. 그분은 하루 만에 다 주십니다. 그것도 백배, 천배로 주십니다. 그분은 크신 분입니다.”

당신은 최근에 어떤 일로 사람들의 구경거리가 되었습

니까? 크게 생각하십시오. 아무것도 아닙니다.

도널드 트럼프는 사업하면서 13조 원의 빚을 지고 6번 파산 위협을 겪었고 사람들에게 구경거리가 되었지만 탁월한 협상으로 다 해결했습니다. 테드 터너는 CNN을 인수할 때 2조 원의 빚을 지고 하루 이자를 10억씩 냈습니다. 그런 그가 빚을 다 갚고 개인 자산 3조 원 중에서 1조 원을 세계 평화를 위해 UN에 기부했습니다.

세계적인 사업가 중에서는 빌딩 월세를 1억씩 낸 사람도 있고 은행 이자를 하루에 1억씩 낸 사람도 있습니다.

그래 봤자 1년 월세가 12억 밖에 안 되고 1년 치 이자가 365억 밖에 안 됩니다. 그들은 그런 돈을 하루 만에 벌기도 합니다. 당신에게도 그런 일이 생길 것입니다.

크게 생각하면 아무것도 아닙니다.

어떤 일을 당하든 놀라지 말고 백배로 크게 생각하고 덩실덩실 춤추며 하나님께 감사하십시오. 우리가 믿는 하나님은 크신 분이고 열방은 작습니다. "보라, 그에게는 열방이 통의 한 방울 물과 같고 저울의 작은 티끌 같으며 섬들은 떠오르는 먼지 같으니라."(사 40:15)

나는 신학대학원을 다닐 때 등록금이 없어서 휴학한 적이 몇 번 있습니다. 그로 인해 대학원이 3년 과정인데 6년 만에 졸업했습니다. 그런 내가 지금은 부요해졌습니다.

나는 지금 재정만 부요한 것이 아니라 지혜와 믿음도 부요합니다. 오랜 세월 믿음의 시련을 거치며 조금씩 더 부요하고 지혜롭게 되었습니다. 하지만 나의 이런 부요함조차도 하나님께는 통의 한 방울 물과 같이 작습니다.

나는 목회자들에게 이렇게 말합니다.

"돈 때문에 힘든가요? 1도 부담 갖지 마세요. 1도 염려하지 마세요. 크게 생각하세요. 하나님이 어떻게든 다 채우십니다. 하루 만에 다 주십니다. 기적이 일어납니다."

갇힌 자를 정죄하지 말고 동정하라

"너희가 갇힌 자를 동정하고."(히 10:34)

당신은 갇힌 자를 동정합니까? 정죄합니까?

갇혀 있다고 그를 정죄하지 말고 동정해야 합니다.

동정은 남의 어려운 처지를 이해하고 자기 일처럼 딱하고 가엾게 여기며 정신적으로나 물질적으로 돕는 것을 말합니다. 갇힌 자를 동정하십시오. 그들에 대해 부정적인 시각으로 쳐다보며 손가락질하며 비웃지 마십시오.

'그 사람이 뭔가 큰 죄를 지었으니까 갇힌 거야? 속담에도 아니 땐 굴뚝에 연기 날 리 없다고 했잖아?'

사람들은 동정하기보다는 비난하고 욕하며 떠납니다.

비록 그가 죄를 지었다 할지라도 당신이 그 사람보다 더 의로운 것이 아닙니다. 우리 모두는 죄인입니다. 그리스도 안에서 믿음으로 의롭다 하심을 얻었을 뿐입니다.

갇혔다고 할 때 꼭 옥에 갇힌 것만 말하지 않습니다.

사람마다 갇힌 부분이 있습니다. 돈 문제, 명예 문제, 권력 문제, 학벌 문제, 숫자 문제, 빌딩 문제, 땅 문제, 인간관계 문제 등 다양한 것이 사람의 마음과 몸을 가둡니다. 귀신에게 묶인 자도 있습니다. 그 사람도 불쌍히 여기며 동정해야 합니다. 동정할 때 성령님의 기름 부으심이 나타납니다. 나는 안수할 때마다 이렇게 기도합니다.

"사랑하시는 주 예수님, 이 사람을 불쌍히 여기소서. 긍휼과 자비를 베푸소서. 이 사람을 축복하소서."

당신이 갇혔습니까? 자신을 정죄하거나 책망하지 마십시오. 죄를 지었으면 회개하고 아니면 참고 기다리십시오.

하나님이 하루 만에 당신을 꺼내실 것입니다.

노예로 팔려 간 요셉이 그랬습니다.

어떤 일을 당해도 억울하게 생각하지 마라

"너희 소유를 빼앗기는 것도 기쁘게 당한 것은 더 낫고 영구한 소유가 있는 줄 앎이라."(히 10:34)

당신은 소유를 빼앗긴 적이 있습니까?

그 소유를 빼앗길 때 기분이 어땠습니까?

너무 억울하고 분해 주저앉고 싶지 않았습니까?

"내가 왜 이런 일을 당해야 하나? 하나님의 음성을 듣고 순종했는데, 복음을 전한다고 선교 현장에 와서 죽도록 충성했는데, 이럴 수가 있나? 분해서 잠이 안 오네."

한 선교사님은 중국에서 10년간 사역했는데 강제로 추방당해서 모든 것을 두고 빈손으로 한국에 들어왔습니다.

또 한 선교사님은 이슬람 국가에서 선교하다가 구금되고 강제로 추방당했습니다. 이런 일은 실제로 많습니다.

'그러면 어때, 괜찮아'라고 생각해야 합니다. 성경에 나오는 수많은 그리스도인들이 그런 박해를 당했습니다.

그런 일을 당하면 안 된다고 생각하니까 좌절하고 마음에서 분노와 증오가 일어나는 것입니다. 성경은 그렇게 소유를 빼앗기는 것도 기쁘게 당하라고 말씀합니다.

왜일까요? 더 낫고 영구한 소유가 있기 때문입니다.

이 땅에서의 삶은 잠깐입니다. 영원하지 못합니다.

우리에게는 영원한 천국이 기다리고 있습니다.

나는 예전에 집을 사고 “와, 이렇게 좋은 집에서 살게 되다니, 여기서 평생 살 거야”라고 말한 적이 있습니다.

그런데 주님은 거기에서 나를 몰아내셨습니다. 그 동네에 살던 사람들이 텃세를 부리며 힘들게 한 것입니다.

나와 아내는 고민에 빠져 산책하면서 말했습니다.

“하나님이 주신 집인데, 왜 이렇게 힘든 거지?”

그런데 놀랍게도 하나님이 그 집에서 나와 더 넓고 더 좋은 아파트를 사서 이사하게 하셨습니다. 그것도 한 채가 아닌 두 채를 사게 하셨습니다. 그 후로도 계속 복에 복을 더하셨습니다. 우리가 생각하기에는 ‘여기가 정말 천국 같아, 이보다 더 좋은 곳이 어디 있겠어?’라고 하지만 하나님이 보실 때는 그렇지 않을 수도 있습니다.

‘내가 너를 더 좋은 곳, 더 넓은 곳으로 인도하겠다.’

보디발의 집에서 가정 총무로 일하며 주인의 사랑을 듬뿍 받았던 요셉은 이렇게 생각했을 것입니다.

‘여기서 주인에게 인정받고 다른 종들이 내게 엎드려 절할 정도의 가정 총무가 되었으니 내게 주신 꿈이 이뤄진 거야. 너무 행복해, 내가 더 이상 무엇을 더 원하겠어.’

하지만 하나님은 요셉이 누명을 쓰고 옥에 갇히게 하셨습니다. 그가 갇힌 옥은 숨이 콱콱 막히고 말로 표현할 수 없을 정도로 더럽고 냄새나는 곳이었습니다. 그래도 그곳은 왕의 죄수를 가두는 곳이었으며, 하나님이 그런 과정을 통해 요셉의 지경을 조금씩 넓히고 계셨던 것입니다.

하나님은 여전히 요셉과 함께 하셨고 그에게 인자를 더하고 전옥에게 은혜를 받게 하셨습니다. 전옥은 옥중 죄수를 요셉의 손에 다 맡겼고 그 제반 사무를 요셉이 처리하게 했습니다. "여호와께서 그의 범사에 형통케 하셨다"고 했습니다. 요셉은 망한 것이 아니었습니다. 당신도 그렇습니다. 지금은 잠깐 망하는 자 같지만 하나님께서 당신에게 더 많은 은혜와 능력, 지혜와 부를 주실 것입니다.

어떤 역경 속에서도 변함없이 당신과 함께 계신 당신의 하나님 곧 성령님을 사랑하기 바랍니다. 그러면 하나님이 당신에게 일어난 모든 일을 합력하여 선을 이루실 것이며 로마서 8장 28절 말씀대로 될 것입니다. "우리가 알거니와 하나님을 사랑하는 자 곧 그의 뜻대로 부르심을 입은 자들에게는 모든 것이 합력하여 선을 이루느니라."

담대함을 버리지 마라

"그러므로 너희 담대함을 버리지 말라. 이것이 큰 상을 얻게 하느니라."(히 10:35)

모든 순간에 담대해야 합니다. 어떤 사람과 사건과 상황에서도 성령님과 함께 춤추고 감사하고 기뻐하십시오.

"항상 기뻐하라. 쉬지 말고 기도하라. 범사에 감사하라. 이것이 그리스도 예수 안에서 너희를 향하신 하나님의 뜻이니라. 성령을 소멸하지 말며 예언을 멸시하지 말고 범사에 헤아려 좋은 것을 취하고 악은 어떤 모양이라도 버리라."(살전 5:16~22)

이것도 내 힘으로 안 됩니다. 그러므로 나는 매일 아침 눈을 뜨면 내 앞에 계신 성령님께 도움을 구합니다.

"성령님, 오늘도 항상 기뻐하게 해 주세요. 쉬지 않고 기도하게 해 주세요. 범사에 감사하게 해 주세요. 성령을 소멸하지 않게 해 주세요. 예언을 멸시하지 않게 해 주세요. 범사에 헤아려 좋은 것을 취하게 해 주세요. 악은 어떤 모양이라도 버리게 해 주세요. 부탁합니다."

어떤 사람과 상황, 사건을 만나더라도 담대하십시오.

성령님과 함께 덩실덩실 춤추며 감사하고 기뻐하십시오. 모든 일에 담대하면 반드시 하나님이 상을 주십니다.

하나님은 자기를 찾는 자들에게 상주시는 분입니다.

나도 그동안 하나님께 많은 상을 받았습니다.

받았다고 믿고 인내하라

“너희에게 인내가 필요함은 너희가 하나님의 뜻을 행한 후에 약속하신 것을 받기 위함이라.”(히 10:36)

하나님이 약속하신 것을 받기 위해서는 인내가 필요합니다. 나는 마음이 조급해서 “당장, 당장” 하지만 하나님은 조급하신 분이 아닙니다. 그렇다고 더딘 분도 아닙니다. 그분은 1초도 늦지 않고 정확한 때에 응답하십니다.

나도 어떤 결제들에 대해 하나님을 못 기다리고 내 힘으로 돈을 만들어 처리한 적이 있는데, 몇 분 후에 그 돈이 들어왔고 그로 인해 다른 손실과 문제가 생기곤 했습니다.

몇 분만 더 기다렸더라면 그런 일이 없었을 것입니다.

당신은 어떤가요? 하나님을 충분히 기다릴 수 있나요?

주인이신 하나님의 손을 기다리는 것이 그분의 종으로서 당연한 일입니다.(시 123:1~4) 하지만 많은 사람들이 문제에 빠져 그렇게 하지 못하고 있습니다. 당신은 눈을 들어 주께 향하고 그분의 손길을 기다리기 바랍니다.

1초도 늦지 않고 응답하신다

"잠시 잠깐 후면 오실 이가 오시리니 지체하지 아니하시리라."(히 10:37)

당신도 지금 하나님의 응답을 기다리고 있습니까?

그분은 지체하지 않고 오십니다. 잠시 잠깐 후면 오십니다. 반드시 오십니다. 왜 오십니까? 당신에게 약속하신 것을 성취하기 위해서입니다. 조금도 두려워하지 마십시오. 당신은 결코 망하지 않고 오히려 더 크게 성공할 것입니다. 믿음의 조상 아브라함과 사라가 그랬습니다.

"그가 이르시되 내년 이맘때 내가 반드시 네게로 돌아오리니 네 아내 사라에게 아들이 있으리라 하시니 사라가 그 뒤 장막 문에서 들었더라."(창 18:10)

결국 아브라함과 사라는 아들을 얻었습니다. 기적이 일어난 것입니다. 하나님은 당신의 기도에 반드시 응답하십니다. 어떻게든 모든 것을 채우십니다. 하루 만에 다 주십니다. 상상할 수 없는 큰 기적이 일어납니다.

나의 의인은 믿음으로 살리라

"나의 의인은 믿음으로 말미암아 살리라."(히 10:38)

당신은 하루를 어떻게 삽니까?

나는 오직 믿음으로 삽니다. 주님께서 그렇게 살라고 하셨기 때문입니다. 내가 서울 잠실의 지하방을 보증금 500만 원에 월세 50만 원을 내며 살 때였습니다.

나는 아침에 집을 나오면서 주님께 물었습니다.

"주님, 제가 어떻게 살아야 하나요?"

"아들아, 믿음으로 살아라."

몇 년 후에 보증금 천만 원에 월세 80만 원을 내며 빌라 3층, 20평에서 살 때였습니다. 그때도 물었습니다.

"주님, 제가 어떻게 살아야 하나요?"

"아들아, 믿음으로 살아라."

그 후에 고급 빌라의 주인 세대인 방 다섯 칸짜리 집에서 살 때도 나는 아침에 일어나면서 주님께 물었습니다.

"주님, 제가 어떻게 살아야 하나요?"

"아들아, 믿음으로 살아라."

지금은 60평 아파트에 살고 있습니다. 날이 갈수록 더 부요해지고 있는데도 나는 또 주님께 묻습니다.

"주님, 제가 어떻게 살아야 하나요?"

"아들아, 믿음으로 살아라."

주님은 항상 동일한 말씀만 하셨습니다.

"아들아, 어제는 믿음으로 살았으니 오늘은 소망으로 살고 내일은 사랑으로 살아라"고 하지 않으셨습니다. "어제나 오늘이나 영원토록 믿음으로 살아라"고 하셨습니다.

예수님은 '소망의 주, 사랑의 주'라고 불릴 수도 있습니다. 하지만 그분은 '믿음의 주'로 불리기를 기뻐하셨습니다. 그분은 우리가 '믿음의 종'으로 살기 원하십니다.

주인은 종과 똑같은 마음으로 살아야 합니다.

히브리서 12장 2절을 보십시오. "믿음의 주요 또 온전하게 하시는 이인 예수를 바라보자. 그는 그 앞에 있는 기쁨을 위하여 십자가를 참으사 부끄러움을 개의치 아니하시더니 하나님 보좌 우편에 앉으셨느니라."

히브리서 13장 8절에는 이렇게 말씀합니다. "예수 그리스도는 어제나 오늘이나 영원토록 동일하시니라."

이 구절의 전후를 보면 더욱 놀랍습니다.

"하나님의 말씀을 너희에게 일러 주고 너희를 인도하던 자들을 생각하며 그들의 행실의 결말을 주의하여 보고 그들의 믿음을 본받으라. 예수 그리스도는 어제나 오늘이나 영원토록 동일하시니라. 여러 가지 다른 교훈에 끌리지 말라. 마음은 은혜로써 굳게 함이 아름답고 음식으로써 할 것이 아니니 음식으로 말미암아 행한 자는 유익을 얻지 못

하였느니라."(히 13:7~9)

그들의 행실의 '결말'을 보라고 했습니다. 결말은 죽어야 알 수 있습니다. '결말과 결산'은 다릅니다. 결산은 예수님이 재림하실 때 '마지막 심판'에서 알 수 있습니다.

그에 비해 결말은 죽고 난 후에 알 수 있는 것입니다.

욥의 결말이 어땠습니까? 갑절의 복을 받았습니다.

욥의 결산은 어떨까요? 아무도 모릅니다. 심판 때까지 계속 진행 중이기 때문입니다. 욥의 삶과 믿음이 자손 천 대까지 전해지고 있고 많은 사람들이 변화되고 있습니다.

어떤 사람이 죽기 전까지는 결말에 대해 말할 수 없습니다. "지금 잘 나간다, 실수했다, 엉망이다, 망했다"고 해도 그 사람이 죽기 전까지는 결말에 대해 잘 모릅니다.

죽고 나면 그의 결말에 대해 말할 수 있습니다. 결말이 나쁘지만 결산은 좋을 수도 있고 결말이 좋지만 결산은 나쁠 수도 있습니다. 결말은 생애이며 결산은 심판입니다.

한 집사님이 암으로 죽었습니다. 결말이 나빴지만 그가 죽기 전에 '믿음의 책'을 한 권 써냈는데 그 책이 지금도 많은 사람에게 영향을 끼치고 있습니다. 그 사람은 아직 결산하지 않았고 예수님이 재림하실 때 결산할 것입니다.

결말은 사람이 판단하고 비판할 수 있습니다.

가룟 유다의 결말은 매우 비참했습니다.

열두 사도 중에 하나였던 가룟 유다는 은 30에 예수를 팔았고 자기 직무를 버리고 자살했습니다. 후에 그 몸이 곤두박질하여 배가 터져 창자가 다 흘러나왔습니다.

슬프지만 오늘날도 그런 사람이 있습니다. 제발 그러지 말아야 합니다. 히브리서 기자는 "그들의 믿음을 본받으라"고 했습니다. 다른 것이 아닌 오직 믿음입니다. 그리고 "예수 그리스도는 어제나 오늘이나 영원토록 동일하시니라"고 했습니다. 예수님은 믿음의 주요 또 그 믿음을 완성케 하시는 분인데, 그분의 소망과 사랑을 본받으라고 하지 않고 믿음을 본받으라고 했습니다. 예수님은 "네 믿음이 크도다. 네 믿음대로 되라. 이만한 믿음을 만나 본 적이 없다. 믿는 자에게는 능치 못할 것이 없다"고 하시며 믿음에 대해 칭찬하셨고 믿지 않는 자는 꾸짖으셨습니다.

왜 믿음을 버리고 떠날까요? 은혜의 말씀 곧 복음의 말씀이 아닌 여러 가지 다른 교훈에 끌리기 때문입니다. "여러 가지 다른 교훈에 끌리지 말라. 마음은 은혜로써 굳게 함이 아름답고 음식으로써 할 것이 아니니 음식으로 말미암아 행한 자는 유익을 얻지 못하였느니라."(히 13:7~9)

어떤 사람은 자기가 이미 알고 있는 내용, 자기 기분을 좋게 하는 이야기를 하면 그것을 두고 "오늘 설교에 은혜 받았다"고 말하는데, 그렇지 않습니다. 그것은 육신의 생각입니다. 다른 교훈과 음식에 감동받지 말고 오직 예수님이 십자가에서 다 이룬 온전한 복음의 말씀을 듣고 깨닫고 회개하고 믿음의 마음으로 돌이켜야 합니다.

어떤 경우에도 뒤로 물러가지 마라

"또한 뒤로 물러가면 내 마음이 그를 기뻐하지 아니하리라 하셨느니라."(히 10:38)

당신은 뒤로 물러가지 않습니까?

나도 그럴 때가 있습니다. 돈 문제에 대해 육신의 생각으로 이것저것 계산하다 보면 부담된다고 느껴지기 때문에 가슴이 답답해집니다. 그런 육신의 생각은 사망이요 하나님과 원수가 되고 하나님을 기쁘시게 할 수 없습니다.

마음은 조금만 힘든 일이 생기면 이렇게 말합니다.

'아, 힘들어. 모든 것을 멈추고 뒤로 물러가고 싶어.'

하지만 하나님께도 마음이 있습니다. 당신이 뒤로 물러가면 하나님의 마음이 기뻐하지 않는다고 했습니다.

부담을 느낀다고 뒤로 물러가는 것이 아니라 앞으로 나아가야 합니다. 그럴 때 하나님의 마음이 당신을 기뻐하십니다. 하나님을 슬프게 하는 자가 되지 말고 기쁘게 하는 자가 되십시오. 뭐가 그렇게 부담이 됩니까?

1도 부담 갖지 말고 백배로 크게 생각하십시오.

내가 한 사람에게 전화로 말했습니다.

"성도님, 그동안 안 낸 십일조를 내세요."

그러자 부담 된다며 나와 관계를 끊고 교회에 안 나왔습니다. 내가 왜 그런 말을 했을까요? 사람의 말이 아닌 하나님의 말씀입니다. 말라기 선지자도 하나님의 음성을 듣고 그대로 전달했습니다. "너희가 십일조를 내라."

만 원을 벌면 천 원을 내면 됩니다. 뭐가 그리 부담됩니까? 다른 사람이 밥을 사라면 잘 사면서 왜 십일조를 부담스럽게 여깁니까? 어떤 사람은 밥을 잘 사 먹고 또 다른 사람에게 잘 사줍니다. 그러면서 십일조를 안 냅니다. 월급이 들어오면 먹고 싶은 것부터 먼저 사 먹겠다며 고급 레스토랑으로 달려가면서 십일조는 내지 않습니다.

그런 사람에게는 십일조를 내라고 말해야 합니다.

주의 종이 무슨 말을 하든지 그 말을 들을 때 부담 갖지 마십시오. "아, 하나님이 내게 말씀하시는구나" 하면서 즐겁게 순종하십시오. 그러면 복을 받을 것입니다.

사실 그렇게 순종하는 것 자체가 복입니다.

순종이 제사보다 낫다고 했습니다.

뒤로 물러가면 믿음이 사라진다

"우리는 뒤로 물러가 멸망할 자가 아니요 오직 영혼을 구원함에 이르는 믿음을 가진 자니라."(히 10:39)

뒤로 물러가면 어떤 일이 생길까요? 가장 귀한 재산인 믿음이 사라지고 멸망합니다. 〈개역한글〉에는 "침륜에 빠진다"고 했는데 이 말은 '물속에 가라앉음'을 의미합니다.

사전에는 '재산이나 권세가 없어지고 보잘것없이 됨'이라고 나옵니다. 뒤로 물러가면 두 가지 일이 일어납니다.

첫째, 마음이 물속으로 가라앉고 우울해집니다.

둘째, 재산이나 권세가 없어지고 보잘것없이 됩니다.

여기서 말하는 재산이나 권세는 꼭 눈에 보이는 세상 재산과 권세를 말하는 것이 아닙니다. 그러면 무엇일까요? 하나님의 자녀에게 있어 재산은 '은금보다 귀한 주의 말씀'이고 권세는 '기도하고 명령하는 권세'입니다.

마음에서 주의 말씀에 대한 믿음을 잃게 되고 더 이상 기도하고 명령하고 싶은 마음이 안 생긴다는 것입니다.

당신은 정말 그렇게 되고 싶습니까? 이보다 더 큰 불행은 없을 것입니다. 나도 잠깐 그럴 때가 있었습니다.

'아, 힘들어. 한계에 왔어. 어떻게 해야 할지 모르겠어. 이 문제에 대한 하나님의 말씀도 알고 있지만, 그게 다 무슨 소용이야. 오래 기도해도 응답도 없는 것 같아.'

그런 육신의 생각이 내 마음을 사로잡습니다.

그럴 때 어떻게 해야 할까요? 반대로 하면 됩니다.

나는 내가 쓴 믿음의 책, 복음의 책을 들고 카페에 가서 읽습니다. 다른 책을 수천 권 읽어도 소용없습니다.

하나님은 내게 믿음의 은사를 주셨고 그동안 내가 깨달은 믿음의 말씀을 내 책에 담아 놓았기 때문에 그 책을 손에 들고 읽으면 믿음이 금방 회복됩니다. 내가 쓴 책에는 믿음과 관련된 성경 말씀들이 많이 담겨 있습니다.

성경 한 구절 한 구절이 낙심한 내 마음을 살립니다.

성경 말씀은 한 구절 한 구절 속에 성령님의 기름 부으심이 가득 차 있습니다. 기록된 하나님의 말씀은 성령님의 기름 부으심이 세차게 흐르는 수도 파이프와 같습니다.

그 말씀들이 나를 살립니다. 내 믿음은 회복되고 다시 일어서게 됩니다. 믿음의 말씀들이 역사하면 이내 기도 응답이 옵니다. 필요한 돈도 하루 만에 다 채워집니다.

병들고 연약한 몸도 치유 받고 강건해집니다.

미련한 마음이 지혜로워집니다. 당신도 지금 큰 환난과 시련을 겪고 있습니까? 마음이 조급합니까? 강하고 담대하십시오. 어떤 경우에도 뒤로 물러가지 마십시오.

믿음의 삶은 물위를 걷는 것과 같습니다. 나는 날마다 주님과 함께 물위를 걷고 있습니다. 물위에 앉아서 기도하고 물위에 서서 설교하고 물위를 걸으며 산책합니다.

믿음으로 물위를 걷던 베드로가 거센 바람과 파도 등 환경을 보고 주위 사람들의 말을 듣자 물속으로 빠져들어 갔듯이 당신도 믿음의 주요 또 온전케 하시는 이인 예수를 바라보지 않으면 순식간에 물속으로 빠져 들어갑니다. 예수님을 바라보고 그분의 목소리에 귀를 기울이십시오.

믿음을 굳게 지키십시오. 함부로 자신과 남을 판단하지 말고 주의 영이신 성령님께 물으십시오. 성령님의 판단이 가장 정확합니다. 나는 한 가난한 할아버지를 보면서 근심이 되어 마음으로 그를 떠올리며 하소연했습니다.

'주님, 그 사람 때문에 제 마음이 힘듭니다.'

그런데 주님께서 다르게 말씀하셨습니다.

'그 사람은 억만장자다. 나의 존귀한 아들이다.'

그 음성을 듣는 순간 나는 회개했고 내 생각을 바꾸었습니다. 나는 그를 존귀하게 여기게 되었습니다.

당신도 그렇습니다. 당신은 거지가 아닙니다.

하나님의 집의 귀한 자녀이며 억만장자입니다.

당신이 믿는 하나님은 우주의 재벌 그룹 총수이십니다.

그분의 자녀는 모두 재벌 가문의 일원이므로 부요합니다. 외모로 사람을 판단하지 말고 믿음에 부요한 사람을 존중하기 바랍니다. 부요 믿음을 가지십시오. 예수님이 당신의 모든 가난과 저주를 짊어지고 죽으셨습니다.

우리는 모두 부요한 자들입니다. "우리 주 예수 그리스도의 은혜를 너희가 알거니와 부요하신 이로서 너희를 위하여 가난하게 되심은 그의 가난함으로 말미암아 너희를 부요하게 하려 하심이라."(고후 8:9)

오늘도 부요 믿음으로 삽시다.

믿음의 생각만 하라. 제 3 부 – 김열방

지금보다 백배 더 크게 생각하라

당신은 백배 축복 비결을 아십니까?

나는 전에 어떤 어려움이 생기거나 곤경이 지속되면 내게 문제가 있지 않고 하나님께 문제가 있다고 생각했습니다. 하늘나라에서 어떤 변화가 생기고 하나님이 빨리 그것에 대해 조치해 주셔야 한다고 생각했던 것입니다.

나는 좌절에 빠져 이렇게 생각했습니다.

'내가 이렇게 간절히 기도하고 있는데, 하나님은 왜 빨리 응답하지 않으시는 거야? 도대체 하나님은 지금 뭐하고 계신 거야? 이러다가 망하는 건 아닐까?'

그러던 어느 날 성령님께서 내게 문제가 있다고 하셨습니다. '아들아, 내게 문제가 있는 것이 아니라 네게 문제가 있다. 네가 두려워하고 작게 생각하기 때문이다. 너는 마음을 강하게 하고 극히 담대히 하라. 내가 너와 함께 한다. 그리고 너는 모든 일에 크게 생각하라. 네가 두려워하거나 작게 생각하면 나는 네게 응답할 수 없다.'

예수님은 자기 딸이 이미 죽었다는 슬픈 소식을 들은 회당장에게 "두려워하지 말고 믿기만 하라"(눅 8:50)고 말씀하셨습니다. 예수님은 가는 곳마다 "평안이 있을지어다"라고 하셨고 제자들에게도 전도하러 갈 때 그 집에 들어가면 먼저 "평안을 빌라"(눅 10:5)고 하셨습니다.

하나님이 함께 하시는데 왜 그렇게 두려워하고 놀랍니까? 하나님은 지금도 살아 계시고 당신의 모든 상황과 사건, 형편을 다 알고 계십니다. 그분은 당신이 구하기도 전에 이미 그것이 당신에게 있어야 할 줄 아십니다.

문제보다 백배로 크게 생각하라

당신은 지금 어떤 문제로 고통을 겪고 있습니까?
그 문제보다 더 크게 생각해야 그 문제를 해결할 수 있습니다. 나는 사람들에게 항상 이렇게 말합니다.

"문제보다 백배로 크게 생각하라."

크게 생각하십시오. 두 배로 크게 생각해서 해결 안 되면 열 배로 크게 생각하십시오. 열 배로 크게 생각해서 해결 안 되면 백배로 크게 생각하십시오. 백배로 크게 생각해서 해결 안 되면 천 배로 크게 생각하십시오. 천 배로 크게 생각해서 해결 안 되면 만 배로 크게 생각하십시오.

왜 그렇게 크게 생각하는 것이 필요하고 또 중요할까요? 당신의 성장 때문입니다. 하나님은 당신이 현실에 안주하기를 원치 않으시고 날마다 더 크게 성장하기를 원하십니다. 성장하려면 지금보다 더 크게 생각해야 합니다.

생각의 크기가 인생의 크기를 결정합니다.

생각을 크게 하는 데 수천 권의 책이 도움이 될 수도 있지만 가장 큰 도움이 되는 것은 천지를 창조하신 하나님의 말씀 곧 성경책입니다. 크신 하나님은 크게 생각하시는 분이고 그분의 큰 생각을 성경에 담아 놓으셨습니다.

당신이 성경을 읽으면 한 줄 한 줄을 통해 생각이 점점 더 커지게 됩니다. 그렇게 생각의 그릇이 커져야 하나님의 응답을 받고 그것을 담아 간직할 수 있게 됩니다.

큰 그릇을 많이 준비하라

하나님의 응답을 담는다는 것은 그것을 귀하게 여기며 잘 보존한다는 의미이기도 합니다. 아무리 하나님이 많은 응답과 복을 주셔도 그것을 담지 못한다면 무슨 소용 있습니까? 다 흘러가 쓸모없이 땅에 버려지거나 다른 사람의 곳간으로 들어가 담길 것입니다. 그럴 리가요?

실제로 그런 일이 성경에 나옵니다.

하나님을 경외했던 믿음의 사람 야곱을 보십시오.

그는 외삼촌 라반의 집에서 일할 때 7년 7년, 14년 동안 추위와 더위를 무릅쓰고 열심히 죽어라고 일했지만 하나님의 응답과 복을 받을 마음의 그릇을 준비하지 않았기 때문에 항상 빈손이었습니다. 그는 말했습니다.

"나는 언제나 내 집을 세우리이까?"(창 30:30)

그에 비해 우상을 숭배하고 점을 쳤던 라반은 마음의 그릇 곧 곳간을 준비했기 때문에 하나님이 야곱에게 주신 복을 자기 그릇에 다 담아 큰 부자가 되었습니다.

원래 하나님이 라반에게 복을 주신 것이 아닙니다.

하나님은 우상을 숭배하고 점치는 사람에게는 복을 주시지 않습니다. 하나님은 야곱에게 복을 주셨습니다.

꾀가 많은 라반은 말했습니다.

"너로 말미암아 내가 이렇게 큰 복을 받은 줄 내가 안다. 너는 절대로 내 곁을 떠나면 안 된다. 머물러라."

실제로 우상을 숭배하는 세상 사람들이 자기 그릇에 복을 담는 것은 하나님의 자녀들 때문인 경우가 많습니다.

하나님은 그분의 자녀들에게 복을 주셨는데 그들이 그릇을 준비하지 않았기 때문에 그 복이 다른 곳으로 다 흘러가는 것입니다. 그래서 그들은 계속 노예로 살고 세상 사람들이 주인 행세를 했습니다. 정신 차려야 합니다.

애굽 땅이 날로 강성해진 것도 430년 노예 생활을 했던 이스라엘 백성들 때문이었습니다. 나중에는 국무총리 요셉으로 인해 세계 경제를 다 움직일 정도로 부강해졌습니다. 애굽의 바로 왕 때문에 요셉이 복을 받은 것이 아닙니다. 요셉 때문에 바로 왕이 복을 받았습니다.

잘못된 생각을 바꾸십시오.

오병이어는 만 배 축복이다

오병이어 기적은 몇 배의 복일까요? 만 배입니다.

하루는 광야에서 예수님의 말씀을 종일 듣던 사람들이 배가 고프다며 힘들어 하고 있을 때 예수님이 제자들에게

"그냥 돌려보내지 말고 너희가 먹이라"고 하셨습니다.

그때 정신없이 마음 속 계산기를 두드렸던 빌립은 도저히 불가능하다며 부정적인 결론을 내렸습니다.

"여기는 광야요 빈들입니다."

"우리에게는 200데나리온이나 되는 돈이 없습니다."

"벌써 해가 지고 있습니다. 시간이 너무 늦었어요."

이렇게 부정적인 생각으로 계산기를 잘 두드리는 사람은 주님과 동업할 수 없습니다. 냉정하게 계산기를 두드리면 옳은 것 같지만 그런 사람은 큰일을 못합니다.

긍정적인 생각, 믿음의 생각, 큰 생각을 해야 합니다.

안드레는 주님의 음성을 듣고 발로 움직였습니다.

"예수님, 여기에 아이의 도시락인 보리떡 다섯 개와 물고기 두 마리가 있습니다. 어떻게 하면 될까요?"

그러자 예수님은 사람들을 50명씩 앉히라고 하셨고 그것을 들고 축사하신 후에 나눠 주라고 하셨습니다. 제자들이 바구니에서 그것을 들고 나눠주자 펑펑 계속 생겨났습니다. 남자만 오천 명이 먹고 남을 정도가 되었고 여자와 노인과 아이들을 다 합하면 수만 명이 되었을 것입니다.

이것이 만 배 축복의 기적입니다.

이런 복을 받기 바랍니다.

만 배로 크게 생각하라

당신은 지금 어떤 문제로 힘듭니까?

지금보다 백배로 크게 생각하십시오. 일어난 사실을 차례대로 수집하면서 전체를 보는 눈을 키우십시오.

"그렇게 크게 생각한다고 문제가 해결되나요?"

그렇습니다. 크게 생각하면 대부분의 문제가 쉽게 해결됩니다. 어떤 사람은 자기 사업이 빨리 성장하지 않는다, 변화가 없다며 인상을 찡그리며 종일 투덜댑니다.

"나는 10년, 20년 동안 변화가 없어요. 아무리 크게 생각해도 내 삶과 사역에 성장이 없습니다. 정체되어 있어요. 길이 안 보여요. 길이 있어도 끝에 가면 막혀 있어요."

그렇지 않습니다. 당신의 생각이 작은 것에 매여 있기 때문입니다. 그 생각에서 빠져나오면 달라집니다.

"나는 10년 동안 한 명을 놓고 선교하고 있어요."

괜찮습니다. 아브라함도 이삭 한 명을 키웠습니다.

"그건 그의 하나뿐인 독자니까 당연하죠."

하나님은 그에게 한 명을 낳아 키울 것이라고 말씀하지 않았습니다. 그의 자손들이 하늘의 별과 같고 땅의 모래알 같이 많아질 것이다, 그가 큰 민족을 이룰 것이라고 하셨습니다. 그에게 맹세하신 하나님의 언약에 비하면 그렇게 단 한 명을 놓고 평생 키운다는 것은 말도 안 됩니다.

그릿 시냇가에서 혼자 시냇물을 마시며 까마귀를 통해 떡과 고기를 공급 받았던 엘리야도 사르밧에 가서 과부 한 명을 놓고 목회했습니다. 그 후에는 갈멜산으로 가서 간절히 기도함으로 하늘에서 불이 떨어지는 놀라운 기적을 경험했고 바알의 선지자 수백 명을 칼로 쳐 죽이는 일까지 했지만 얼마 후에는 또 혼자 동굴 속에서 하나님께 울부짖었습니다. 이런 사역을 당신에게 맡기신다면 과연 감당할 수 있겠습니까? 하지만 지금도 아브라함, 이삭, 야곱, 요셉, 모세, 다윗, 솔로몬, 욥, 요나, 이사야, 예레미야, 베드로, 요한, 바울 같은 신실한 주의 종들이 있습니다.

한 번 설교를 통해 3,000명을 변화시킨 베드로 같은 종도 있는 반면 점치는 귀신을 쫓아내고 옥에 들어가는 바울 같은 사람도 있습니다. 다른 사람이 성공한 것만 놓고 그것을 자신과 비교하며 '안 된다. 힘들다. 성장이 없다'고 생각하는 것은 잘못입니다. 성경 전체를 보며 거기에 나오는 인물들이 어떻게 살고 일했는지 살펴야 합니다.

역사 전체를 보며 믿음의 거장들이 어떻게 살고 일했는지 살펴야 합니다. 그들과 비교하며 성공과 실패를 판단하지 말고 당신의 삶과 사역에만 주어진 '독보적인 기름 부으심'이 있다는 것을 인정해야 합니다. 당신은 아브라함,

이삭, 야곱이 아닙니다. 그들의 믿음을 본받되 그들의 성공을 자신과 비교하면 안 됩니다. 그들은 각각 달랐습니다. 어느 누구도 비교 경쟁하며 그렇게 되려고 하지 않았습니다. 당신도 그렇게 되려고 하면 안 됩니다.

나는 김열방입니다. 나는 아브라함도 이삭도 야곱도 아닙니다. 성경을 통해 그들의 믿음만 본받을 뿐이지 그들의 삶과 사역을 모방하지 않습니다. 그러면 불행해집니다.

나는 김열방입니다. 빌리 그래함도 찰스 피니도 무디도 스펄전도 아닙니다. 조용기도 옥한흠도 아닙니다. 나는 그들과 비교할 필요도 없고 그들의 길을 가야 할 필요도 없습니다. 각 사람은 모두 부르심과 은사가 다릅니다.

기름 부으심도 다릅니다. 주님이 부어 주신 기름 부으심은 동일하지만 그 나타남이 다르다는 말입니다. 주님이 부어 주신 동일한 기름 부으심을 받았지만 어떤 사람은 한 명을 놓고 100년을 목회할 수도 있고 또 어떤 사람은 100만 명을 모아 놓고 하루를 목회할 수도 있습니다.

6,000년간 있었던 역사적인 인물들을 통해 다양한 삶과 사역을 살피고 자신이 그들과 다르다는 것을 이해하고 인정해야 합니다. '아, 이런 경우도 있구나. 그런데도 믿음을 지켰고 변함없이 하나님을 경외했구나. 대단하다.'

당신은 누구입니까? 당신의 부르심과 은사는 무엇입니

까? 하나님의 은사와 부르심에는 후회하심이 없습니다.

"하나님의 은사와 부르심에는 후회하심이 없느니라." (롬 11:29) 당신도 후회하지 말기 바랍니다.

'왜 이렇게 되었나? 내가 왜 이 길을 왔나? 그때 다른 선택을 했더라면 이렇게 힘들지 않았을 텐데.'

그런 망령된 생각을 하지 마십시오. 하나님이 당신을 부르시고 은사를 주셨습니다. 하나님은 후회하지 않는데 당신이 왜 후회합니까? 나도 그동안 목회하면서 힘든 적이 많았습니다. 그렇게 10년, 20년이 지나갔습니다.

한 명만 놓고 1년 동안 목회한 적도 있습니다.

하나님은 그 한 명이 귀하다고 하셨습니다.

'나의 외아들 한 명을 너에게 맡긴 것과 같다.'

나는 회개하고 생각을 바꾸었고 나의 부르심에 평생 거하기로 뜻을 정했습니다. 당신도 다른 것에 마음을 빼앗기지 말고 당신의 부르심에 거하십시오.

그것이 최고의 복입니다.

믿음의 생각만 하라. 제 4 부 – 김열방

성령님께 항복하고 다 양도하라

당신은 평소에 어떻게 기도합니까?

나는 기도할 때 모든 것을 성령님께 양도합니다.

양도를 다른 말로 하면 '항복'입니다. 항복하십시오.

많은 사람들이 자기 힘으로 하나님의 능력을 끌어내리려고 애씁니다. 힘을 다해 금식하고 철야하며 부르짖습니다. 물론 우리는 금식하고 철야하고 부르짖어야 합니다.

하지만 그것은 항복하기 위한 것이 되어야 합니다. 항복하지 않는 금식과 철야는 육신의 행위에 불과합니다. 항복할 때 성령님의 임재하심과 기름 부으심이 나타나기 시작합니다. 나도 항복하지 않고 내 힘으로 성령을 받으려고 애썼습니다. 나는 20세에 성령의 권능을 받겠다고 '죽으면 죽으리라'는 마음으로 14일간 금식하며 큰 권능을 받을 거라고 기대했는데, 아무 일이 일어나지 않았습니다.

그때 프랭클린 홀이 쓴 책 〈금식과 기도를 통한 원자력적인 하나님의 능력〉을 읽고 감동받아 그대로 한 것입니다. 그 책에 나오는 많은 사람들에게 역사했던 금식의 능력이 내게는 아무 소용없었습니다. 그는 말했습니다.

"금식을 통한 기도를 하면 당신의 영적인 진보는 초음속 같이 빨리 진행될 것이다."

내게는 그렇지 않았습니다. 그때 내게 장기 금식은 살 빼는 것 외에 아무 능력이 없었습니다. 금식을 통해 하나님의 음성을 듣고 회개하고 항복해야 했습니다.

지금도 나처럼 회개하며 항복하지 않고 아이가 부모에게 떼쓰며 고집 부리듯 금식하는 사람이 많습니다. 그런 사람에게는 금식이 오히려 교만을 부추길 뿐입니다. 만약 그런 사람이 금식을 통해 능력과 복을 받으면 자기 의를 내세우며 주위 사람들에게 "금식하라. 더 많이 금식하라"고 강요할 것입니다. 금식은 모든 것을 내려놓고 전심으로 하나님을 바라보고 의지한다는 겸손의 표현입니다.

나는 금식에 대해 이렇게 정의합니다.

"금식은 모든 것을 걸어 놓고 자기 뜻을 관철시키기 위해 고집 부리는 것이 아닌 모든 것을 내려놓고 하나님의 뜻을 받아들이기 위해 완전히 항복하는 것이다."

나는 지금도 금식합니다. 하지만 고집 부리기 위한 금식이 아닌 전심으로 하나님의 얼굴을 구하며 예배하는 금식, 온전히 항복하기 위한 금식을 합니다. 금식은 내 의지로 뭔가를 성취하기 위해 하는 것이 아니라 성령에 이끌리어 은혜 가운데 해야 합니다. 예수님이 그러셨습니다.

"그 때에 예수께서 성령에게 이끌리어 마귀에게 시험을 받으러 광야로 가사 사십 일을 밤낮으로 금식하신 후에 주리신지라."(마 4:1~2)

금식하기 전에 먼저 성령님께 물어야 합니다.

'성령님, 어떻게 금식할까요?'

그러면 며칠 금식하라고 말씀하실 것입니다.

그 음성에 순종하면 됩니다. 금식했다고 1이라도 더 의로워지는 것이 아니며 금식을 못했다고 1이라도 죄인이 되는 것이 아닙니다. 금식은 의와 아무 상관없습니다.

우리 모두는 오직 예수 그리스도의 보혈의 권능으로 죄를 씻음 받고 의로워집니다. 금식 기도에 대해 성경에 많이 나오지만 결국 핵심은 바로 이것입니다.

"하늘에 계신 우리 아버지여, 이름이 거룩히 여김을 받으시오며, 나라가 임하시며, 뜻이 하늘에서 이룬 것 같이 땅에서도 이루어지이다."

내가 하나님 앞에서 고집 부리며 14일간 금식할 때는 아무 일이 일어나지 않았는데 내 힘으로 할 수 없다며 두 손 들고 항복하자 성령이 임하셨고 내 입에서 방언이 흘러나왔습니다. 성령님은 항복한 사람에게 임하시며 방언도 항복한 사람에게 나타납니다. 기도 응답도 그렇습니다.

금식할 때 항복하고 양도하라

한 목사님이 40일 금식한 후에 나를 찾아왔습니다.

그분은 성령을 체험하고 방언과 능력 받기를 간절히 원했습니다. 하지만 40일 금식해도 아무 일이 일어나지 않았고 절망에 빠졌을 때 기도원에서 한 사람이 내가 쓴 〈성령님과 친밀하게 교제하는 법〉을 선물로 주었는데 그 책을 읽고는 '마지막 희망이다. 김열방 목사님을 찾아가 보자'라는 생각에 사모님과 함께 나를 찾아온 것입니다.

금식이 끝난 지 얼마 되지 않았기 때문에 허약한 몸을 친구가 부축하고 절뚝거리며 나를 찾아왔습니다.

내가 그분에게 손을 얹자마자 성령이 임하고 입에서 방

언이 흘러나왔습니다. 그러자 같이 온 사모님과 그분을 부축하고 먼 길을 온 친구가 크게 놀랐습니다.

"40일 금식해도 안 되던 일이 1분 만에 되었다."

내가 한 것이 아닌 성령님이 하신 것입니다. 왜 성령님이 역사하셨을까요? 항복했기 때문입니다. 성령님은 항복하고 모든 것을 양도한 사람에게 역사하십니다.

당신도 모든 것을 항복하고 양도하십시오.

내가 항복할 때 성령이 임했다

당신은 언제 성령의 나타남을 체험했습니까?

나는 항복함으로 성령의 나타남을 체험했고 그 후로 지금까지 날마다 더 많이 항복하는 삶을 살고 있습니다.

나는 12세에 예수를 구주로 믿었고 20세에 길을 걷던 중 성령님의 임재하심을 강하게 체험하고 즉시 가까운 교회에 들어가 하염없는 눈물을 흘리며 회개했습니다.

그때 나는 모든 것을 양도하며 항복하는 기도를 드렸습니다. 나는 두 손을 들고 하나님께 항복했습니다.

"하나님, 제 눈과 손과 발과 입술과 마음과 온 몸과 의지를 양도합니다. 저를 받으시고 아버지의 영광을 위해,

예수님의 이름을 위해 사용해 주세요.”

그 순간 내 입에서는 알지 못하는 말이 강물처럼 쏟아져 나왔습니다. “셀라드리 셀라, 셀라왈라드리 이스티얼리스티.” 나는 큰 충격을 받았습니다. ‘이게 뭐지?’

내가 그렇게도 사모했던 방언을 받은 것입니다. 그 후로 나는 아침에 일어나면 먼저 나 자신을 양도했습니다.

“성령님, 안녕하세요? 참으로 좋은 날입니다. 오늘도 제 모든 것을 성령님께 양도합니다. 저에게 기름 부으시고 성령님이 원하시는 대로 마음껏 사용해 주세요.”

성령님께서는 나를 이끌어 많은 사람을 만나게 하시고 그들에게 안수하게 하셨습니다. 내가 안수하는 사람은 다 들 성령을 받고 방언을 말하기 시작했습니다. 어떤 사람에게서는 숨어 있는 더러운 귀신들이 정체를 드러내고 큰 소리를 지르며 떠나갔고 병이 치유되기도 했습니다.

그 후로도 나는 내 삶과 사역에 있어 내가 감당치 못할 정도의 어떤 큰 문제가 생길 때마다 성령님께 양도했습니다. 그리고 나는 뒤로 물러나 잠잠히 그분이 임하셔서 직접 일하시는 것을 지켜보곤 했습니다. 성령님은 이 세상 어떤 문제보다 실제적인 분이시며, 그분이 직접 운행하며 일하시면 모든 문제가 하루 만에 쉽게 해결됩니다.

당신도 이 책을 읽고 양도의 힘을 경험하기 바랍니다.

매일 성령님께 양도하라

당신은 매일 성령님께 모든 것을 양도합니까?

'구원받을 때 내 인생을 예수 그리스도께 한 번 양도했으면 끝난 것 아닌가요? 매일 양도해야 하나요?'라고 생각하는 사람이 있을 것입니다. 매일 양도해야 합니다.

바울은 "내가 그리스도와 함께 십자가에 못 박혀 죽었다. 이제는 내가 사는 것이 아니라 내 안에 그리스도께서 사신다. 나는 이제 그분을 믿는 믿음 안에서 산다"(갈 2:20)고 했습니다. 하지만 그렇게 한 번 죽는 것으로 끝났다고 하지 않고 "나는 날마다 죽노라"(고전 15:31)고 자랑하듯이 고백했습니다. "형제들아, 내가 그리스도 예수 우리 주 안에서 가진 바 너희에 대한 나의 자랑을 두고 단언하노니 나는 날마다 죽노라."(고전 15:31)

나는 20세에 내 인생을 성령님께 양도했습니다.

내 마음과 온몸을 양도했고 나의 과거와 현재와 미래를 양도했습니다. 하지만 그것으로 끝나지 않았습니다. 지금도 나는 날마다 양도합니다. 당신도 날마다 양도해야 합니다. 더 많이 양도해야 합니다. 온전히 양도해야 합니다.

당신이 양도할 때 성령님이 일하십니다. 바울은 "모든 것을 양도하라"고 했습니다. 어떤 것이 있을까요?

몸을 성령님께 양도하라

첫째, 몸을 성령님께 양도해야 합니다.

"그러므로 형제들아, 내가 하나님의 모든 자비하심으로 너희를 권하노니 '너희 몸'을 하나님이 기뻐하시는 거룩한 산 제물로 드리라. 이는 너희가 드릴 영적 예배니라."(롬 12:1)

오늘날 교회 안에는 자신의 영이나 마음을 드리는 것만 배운 사람이 많습니다. 그들은 "내 영혼이 주를 찬양합니다. 내 영혼을 주께 맡깁니다"라는 찬양을 부릅니다.

그리고 자신의 몸은 어떻게 관리해야 하는지 몰라 함부로 음행을 하고 자기 몸에 더러운 음식을 마구 집어넣어 병들고 일찍 죽습니다. 어리석고 미련한 짓입니다.

바울은 "너희 몸을 하나님께 제물로 드리라. 이것이 영적인 예배다"라고 했습니다. "너희 영을 드리라, 너희 마음을 드리라"고 하지 않았습니다. "너희 몸을 드리라"고 했습니다. 영은 드릴 수 없습니다. 영은 주와 합하는 순간 한 영이 되기 때문입니다. 마음도 드릴 수 없습니다. 마음은 새롭게 함으로 변화를 받아야 하는 존재입니다.

오늘날 많은 교인들이 타락하는 원인이 여기에 있습니

다. 영과 마음을 드린다고 애타게 노래하고 간절히 기도하면서 자기 몸을 산 제물로 드리지 않는 것입니다. 그래서 몸으로 지은 더러운 죄가 교회와 세상 사람들에게 알려지므로 큰 부끄러움과 수치를 당하게 되는 것입니다.

영마몸 곧 영과 마음과 몸의 기능은 각각 다릅니다.

영은 주와 합하는 기능, 마음은 새롭게 함으로 변화를 받는 기능, 몸은 산 제물로 드리는 기능을 해야 합니다.

이것을 모르면 계속 마귀에게 속고 당합니다.

교회는 이 세 가지를 모두 가르쳐야 합니다.

만약 이 세 가지 중에 하나라도 소홀히 관리해서 문제가 생기면 타이어가 펑크 난 자동차처럼 모든 것이 정지됩니다. 개인의 인생이 정지되고 가정과 교회 사역이 정지됩니다. 소금이 맛을 잃어 밖에 버려져 사람에게 짓밟히듯 몸이 타락하면 그런 비참한 결과를 가져오게 됩니다.

영과 마음은 내면의 문제이지만 몸은 겉으로 드러나는 문제입니다. 그러므로 몸이 거룩하도록 잘 관리해야 합니다. 몸으로 음행의 죄를 짓지 마십시오. 몸에 더러운 음식을 넣지 마십시오. 몸을 단정하고 건강하게 하십시오. 몸에 성령님의 임재하심과 기름 부으심이 흐르게 하십시오.

미련한 사람은 쉽게 자기 몸을 더럽힙니다.

'한두 번 정도는 괜찮아. 이 정도는 괜찮아.'

하루는 성령님께서 내게 말씀하셨습니다.

'나는 네가 몸을 더럽히지 않기를 원한다. 한번이라도 부정한 것은 먹지 마라. 몸을 깨끗한 상태로 유지하라.'

영은 주와 합한 상태로 기도에 힘써야 합니다.

마음은 주의 말씀을 통해 날마다 새롭게 함으로 변화를 받아야 합니다. 몸은 성령님께 날마다 양도함으로 그분이 다스리게 해야 합니다. 그리고 이 세 가지를 다 깨끗한 상태로 잘 유지해야 합니다. 이것이 하나님의 뜻입니다.

로마서 12장 1절에 말씀합니다.

"그러므로 형제들아, 내가 하나님의 모든 자비하심으로 너희를 권하노니 너희 몸을 하나님이 기뻐하시는 거룩한 산 제물로 드리라. 이는 너희가 드릴 영적 예배니라."

영지주의자들은 영만 중요하게 여기며 몸은 아무렇게나 대해도 된다고 가르칩니다. 그러나 성경은 다르게 말합니다. "너희 몸은 너희 것이 아니다. 값을 주고 산 것이다. 너희 몸으로 하나님께 영광을 돌리라. 너희 몸은 하나님의 성령이 거하시는 성전이다. 몸으로 죄를 짓지 마라."

당신의 몸은 예수의 피로 값 주고 산 하나님의 것입니다. 예수님이 재림하실 때에 당신의 영혼만 부활하는 것이 아니라 몸도 부활하여 신령한 몸이 됩니다.

고린도 교인들은 "영만 중요하다. 몸으로는 죄를 지어

도 된다"는 거짓 교사의 가르침을 받았습니다. 그래서 그들 중에는 창기와 몸을 합하는 사람도 있었고 집안 식구와 간음하는 사람도 있었습니다. 바울은 "이런 자의 몸을 사탄에게 내주어 육신은 멸하고 영은 주 예수의 날에 구원을 받게 했다"고 했습니다.(고전 5:1~5)

몸의 거룩함은 중요합니다. 음행하지 마십시오.

출애굽 한 광야 교회인 이스라엘 백성들도 그랬습니다.

그들은 부모 친척 형제자매와 마구 동침하고 서서 짐승과 교합하고 동성끼리 성관계를 가졌는데 모세는 그들이 모두 저주를 받을 것이라고 했습니다.(신 27:20~23)

평생 몸을 더럽히지 말고 거룩하게 지키기 바랍니다.

이것이 당신을 향한 하나님의 뜻입니다.

마음을 성령님께 양도하라

둘째, 마음을 성령님께 양도해야 합니다.

"너희는 이 세대를 본받지 말고 오직 마음을 새롭게 함으로 변화를 받아 하나님의 선하시고 기뻐하시고 온전하신 뜻이 무엇인지 분별하도록 하라."(롬 12:2)

마음을 어떻게 양도합니까? 주의 말씀을 통해 날마다 새롭게 함으로 변화를 받는 것입니다. 마음으로 이 세대를 본받지 마십시오. 마음은 자아입니다. 자아는 원래 자기 스스로 모든 일을 하려고 애쓰는 존재입니다.

자아는 끝도 없이 마음속으로 지껄입니다. '내가 뭘 해야 성공하지? 이걸 본받을까? 저걸 본받을까?'

자아의 본성은 세상을 본받으려는 것입니다. 그래서 바울이 "너희는 이 세대를 본받지 말라"고 한 것입니다.

이 세상을 본받고 싶어 하는 자아를 어떻게 다스릴 수 있을까요? 오직 주의 말씀으로만 가능합니다.

하루에 몇 시간씩 소파에 앉아 세상 뉴스와 드라마, 영화를 보지 말고 그 시간에 주의 말씀을 보십시오.

시편 기자는 말했습니다. "청년이 무엇으로 그의 행실을 깨끗하게 하리이까? 주의 말씀만 지킬 따름이니이다. 내가 전심으로 주를 찾았사오니 주의 계명에서 떠나지 말게 하소서. 내가 주께 범죄하지 아니하려 하여 주의 말씀을 내 마음에 두었나이다."(시 119:9~11)

이 세상 어떤 것도 자아를 다스릴 수 없습니다.

자아는 어떻게든 자기가 인생의 왕 노릇하려고 온갖 노력을 아끼지 않습니다. 모든 고행과 도를 닦음, 세상 철학과 학문, 온갖 율법 행위를 더해도 자아의 교만은 깨어지지 않습니다. 자아 곧 마음을 다스리는 것은 오직 한 가지 '주의 말씀'뿐입니다. 주의 말씀의 권능이 세상에서 가장 강력합니다. "주께서 주의 말씀을 주의 모든 이름보다 높게 하셨다"(시 138:2)고 했습니다. 예수님도 40일 금식을 끝낸 후에 "기록하였으되"라고 말하면서 말씀으로 마귀의 시험을 모두 이기셨습니다. 바울은 "말씀은 곧 성령의 검이다"라고 했습니다. 하나님의 전신 갑주 중에 마귀를 공격하는 것은 오직 한 가지 성령의 검 곧 말씀뿐입니다.

말씀을 은금보다 귀하게 여기며, 말씀을 통독하고 암송하고 공부하십시오. 기도할 때도 말씀을 중심으로, 말씀을 주장하며 기도해야 합니다. 하나님이 말씀으로 천지를 창조하셨고, 예수님은 말씀이 육신이 되어 우리 가운데 오신 분이며, 성령님도 말씀과 함께 일하십니다.

말씀을 통해 마음을 새롭게 함으로 변화를 받아 하나님의 기뻐하시고 선하시고 온전하신 뜻이 무엇인지 분별하기 바랍니다. 말씀을 무엇보다 귀하게 여기십시오.

꿈과 소원을 성령님께 양도하라

셋째, 꿈과 소원을 성령님께 양도해야 합니다.

"내게 주신 은혜로 말미암아 너희 각 사람에게 말하노니, 마땅히 생각할 그 이상의 생각을 품지 말고 오직 하나님께서 각 사람에게 나누어 주신 믿음의 분량대로 지혜롭게 생각하라."(롬 12:3)

하나님이 각 사람에게 꿈과 소원을 주십니다.

그럴 때 내 힘으로 이루려는 생각을 하지 말아야 합니다. 그것은 마땅히 생각할 그 이상의 생각입니다.

하나님이 주신 꿈과 소원, 그리고 인생의 수많은 문제들을 자기 힘으로 해결하려는 사람은 교만한 사람이며, 교만은 패망의 지름길이라고 성경은 말씀합니다.

하나님은 아브라함에게 나타나 "하늘의 별과 같고 바닷가의 모래알 같이 많은 자손을 주겠다. 네 이름을 창대케 하겠다"고 약속하셨습니다. 이런 큰 꿈은 '마땅히 생각할 그 이상의 생각'이 아닙니다. 하나님이 주신 언약이므로 '마땅히 생각할 생각'입니다. 75세에 그 언약을 받은 아브라함이 10년이 지난 85세에 마땅히 생각할 그 이상의 생각을 품었습니다. 그것이 큰 죄를 짓게 했습니다.

'아무리 생각해도 이건 아닌 것 같아. 10년이면 강산도 변한다는데 내게는 아무 일도 없었어. 이렇게 세월만 보내고 있으면 언제 아기를 가진단 말인가? 이러다가 늙어 죽

겠어. 내가 뭐라도 해서 언약을 이뤄 드려야 해.'

이것이 마땅히 생각할 그 이상의 생각입니다.

그리고 그는 아내의 권유에 따라 몸종 하갈과 동침해 아들 이스마엘을 낳았습니다. 그 후로 14년간 마음이 상하신 하나님은 침묵하셨습니다. 그분은 99세에 나타나 "나는 전능한 하나님이다. 너는 내 앞에서 행하여 완전하라"고 하셨습니다. 이 말은 율법적으로 완전하라는 말이 아닙니다. 율법은 모세 때 왔고 아브라함 때는 아직 율법이 오지 않았기 때문입니다. 이 말은 "14년 전에 네가 마땅히 생각할 그 이상의 생각을 품은 것을 회개하라. 그리고 지금부터는 네가 마땅히 생각할 것만 생각하라"는 말씀이었습니다. 아브라함은 마음을 새롭게 함으로 변화를 받아 하나님의 기뻐하시고 선하시고 온전하신 뜻이 무엇인지 분별하고 그대로 실천했습니다. 그것이 무엇일까요?

하나님을 완전히 믿고 신뢰하는 것입니다.

그는 또한 하나님의 명령에 따라 집안 식구 수백 명 모두에게 할례를 행했습니다. 그때 이스마엘의 나이는 13세였습니다. 그리고 100세에 이삭을 낳았습니다.

"여호와께서 '말씀하신 대로' 사라를 돌보셨고 여호와께서 '말씀하신 대로' 사라에게 행하셨으므로 사라가 임신하고 하나님이 '말씀하신 시기가 되어' 노년의 아브라함에

게 아들을 낳으니라."(창 21:1~2)

당신은 지금 어떤 부분에 마땅히 생각할 그 이상의 생각을 하고 있습니까? 회개하십시오. 주의 말씀으로 생각을 바꾸고 마음을 새롭게 함으로 변화를 받으십시오.

나도 하나님이 내게 주신 꿈과 소원을 내 힘으로 이루려고 애쓴 적이 많았습니다. 나는 기도와 말씀을 통해 깨달음을 얻을 때마다 회개하고 또 회개했습니다. 지금도 계속 회개하고 있습니다. 하나님이 당신에게 주신 언약을 온전히 믿으십시오. 그분은 모든 것을 하루 만에 주실 수 있는 천지 만물을 창조하신 전능한 하나님이십니다.

하나님 앞에서 행하여 완전하십시오.

교회를 성령님께 양도하라

넷째, 교회를 성령님께 양도해야 합니다.

"우리가 한 몸에 많은 지체를 가졌으나 모든 지체가 같은 기능을 가진 것이 아니니 이와 같이 우리 많은 사람이 그리스도 안에서 한 몸이 되어 서로 지체가 되었느니라." (롬 12:4~5)

"너희 몸을 양도하라"고 하신 주님께서 "너희 교회는 그리스도의 몸이다. 교회를 양도하라"고 말씀하십니다.

교회를 위해 기도할 때는 '나'가 아닌 '우리'를 기억해야 합니다. 많은 사람들이 교회와 기도원에서 울며 큰 능력을 달라고 기도합니다. 그런데 이때 조심해야 할 것은 "내게 큰 능력을 주소서"라는 식의 기도를 하는 것입니다.

"내게"가 아닌 "우리에게"입니다.

이것이 주님께서 가르치신 기도의 핵심입니다.

"하늘에 계신 우리 아버지여"라고 했습니다.

"우리를 통해 아버지의 이름이 거룩히 여김을 받으시오며, 우리에게 아버지의 나라가 권능으로 임하소서"라고 기도해야 합니다. 주기도문은 '우리를 위한 기도'입니다.

"그러므로 너희는 이렇게 기도하라. 하늘에 계신 '우리' 아버지여, 이름이 거룩히 여김을 받으시오며 나라가 임하시오며 뜻이 하늘에서 이루어진 것 같이 땅에서도 이루어지이다. 오늘 '우리'에게 일용할 양식을 주시옵고 '우리'가 '우리'에게 죄 지은 자를 사하여 준 것 같이 '우리' 죄를 사하여 주시옵고 '우리'를 시험에 들게 하지 마시옵고 다만 악에서 구하시옵소서. 나라와 권세와 영광이 아버지께 영원히 있사옵나이다. 아멘."(마 6:9~13)

여기에 '나'는 없습니다. 나도 매일 교회에서 더욱 큰 은혜와 은사, 지혜와 권능을 달라고 기도합니다. 이때 '내게'가 아닌 '우리에게' 달라고 기도합니다.

"하나님, 더욱 큰 권능을 우리 교회에 나타내 주세요."

그게 그거 아니냐고요? 아닙니다. 나를 위한 기도는 내가 영광을 받으려는 목적이고 우리를 위한 기도는 주님께 영광 돌리려는 목적입니다. 사람의 영광을 구하기 위해 40일 금식하며 매일 10시간씩 기도하는 것보다 하나님의 영광을 구하기 위해 4일 금식하며 매일 10분 기도하는 것이 낫습니다. 교회 성장을 위한 기도도 그렇습니다.

'큰 교회를 세워서 내가 영광 받아야지'라는 생각으로 기도하면 저주 받습니다. '큰 교회를 세워 하나님께 영광 돌려야지'라는 생각으로 기도해야 복을 받습니다. 나 중심의 기도와 우리 중심의 기도는 완전히 다릅니다.

목회자들과 신학생들이 교회 부흥과 성장을 기도할 때 주기도문을 떠올리며 이렇게 기도해야 합니다. 그러면 하나님이 기뻐하시고 풍성히 응답하십니다.

"우리를 통해 아버지의 이름이 거룩히 여김을 받으소서. 우리에게 아버지의 나라가 권능으로 임하소서. 우리에게 향하신 아버지의 뜻이 하늘에서 이룬 것 같이 땅에서도 속히 이루어지기를 원합니다. 우리에게 일용할 양식을 주소서. 우리를 시험에 들지 말게 하시고 악에서 구하소서."

당신의 마음에서 ‘내 교회’라는 생각이 사라지게 해 달라고 기도하기 바랍니다. 이 땅에 ‘내 교회, 네 교회’는 없습니다. 모두 ‘우리 교회’이며 ‘예수님의 교회’입니다.

나는 지방에 내려가면 그곳에 있는 교회에 들러 몇 시간씩 울며 기도합니다. 그때 그 교회의 부흥과 성장을 위해 간절히 기도합니다.

“그 교회는 남의 교회잖아요?”

아닙니다. 그 교회는 우리 교회요 주님의 교회입니다.

나는 주의 종입니다. 그러므로 나는 주님의 교회를 위해 기도합니다. 목사님도 장로님도 집사님도 성도님도 모두 ‘내 교회’라는 생각을 내려놓아야 합니다.

그것은 악한 생각이요 교만입니다. 내가 몇 년 전에 한 장로님에게 후원을 요청한 적이 있습니다.

“선교비 후원을 좀 부탁합니다.”

그 장로님은 “우리 교단이 아니어서 후원할 수 없습니다”라고 했습니다. 그래서 다른 한 권사님에게 후원을 부탁했는데 그분도 동일하게 대답했습니다. “제가 다른 교단의 목회자들과 선교사님들을 위해 그렇게 후원해도 되나요? 설명해 주시면 제가 믿음으로 후원하겠습니다.”

내가 그분에게 자세히 설명했습니다.

“네, 후원해도 됩니다. 그리스도 안에서 내 교회 네 교회가 없습니다. 모두 우리 교회요 그리스도의 몸입니다."

그분은 내 말을 듣고 즉시 생각을 바꾸고 선교비를 보내왔습니다. 나는 지금까지 하나님의 은혜로 수백 명의 주의 종들을 섬겨 왔습니다. 그런데 그들이 어느 교단인지 따지지 않고 단지 '이들은 모두 주님이 기름 부으신 주의 종이다'라는 마음으로 주님께 하듯 섬겼습니다.

예수님은 "지극히 작은 소자 하나에게 냉수 한 컵을 주어도 상을 잃지 않는다"고 했습니다. 주의 종들을 여러 모로 섬기는 것은 결코 상을 잃지 않을 것이며, 반드시 주님께서 당신과 당신의 자손에게 상을 주실 것입니다.

교회의 일원으로서 교회가 많이 걱정됩니까?

오늘부터 교회를 위해 아무것도 염려하지 말고 기도와 간구로 날마다 성령님께 양도하십시오. 교회를 양도하면 성령님이 임하셔서 교회를 이끌어 가십니다. 잘못된 교회를 바로 세우겠다고 주의 종에게 대들지 마십시오. 그러면 저주를 받습니다. 자신만 아니라 자녀들도 위험합니다.

어떤 이유든 교회에서는 혈기 부리지 말고 오직 자신을 낮추며 겸손히 엎드려 주의 종을 위해 기도하십시오.

만약 당신이 주의 종이라면 교회 성도들과 교회에서 행하는 사역을 모두 성령님께 양도하십시오. 목회를 양도하라는 말입니다. 하루에도 몇 번씩 생각날 때마다 "성령님,

목회를 양도합니다"라고 말씀드리십시오. 그러면 당신의 마음에서 목회에 대한 짐이 다 사라질 것입니다.

목회가 자기 마음대로 안 된다며 불면증과 우울증, 공황 장애와 온갖 불치의 병에 시달리는 분들이 많습니다.

내가 목회한다는 교만한 마음과 '목회를 잘해야지'라는 생각을 내려놓고 성령님께 날마다 양도하십시오.

목회는 당신이 하는 것이 아니라 성령님이 하십니다.

"목회를 양도합니다. 성령님께서 목회해 주세요."

그러면 안 될 것 같지만 잘됩니다. 그리고 잘되고 안 되고의 문제는 사람이 판단할 일이 아닙니다. 모든 판단은 하나님이 하십니다. 사람은 주인이 아닌 종입니다.

한 목사님이 해외에 집회를 나갈 때마다 교회가 정체되고 무너질까 염려했습니다. 그는 비행기 안에서 "너희 염려를 다 주께 맡기라. 주께서 너희를 돌보심이라"는 말씀대로 성령님께 양도하는 기도를 드렸습니다. 그런데 놀랍게도 그분이 나갈 때마다 교회는 더 크게 성장했습니다.

'내가 없으면 절대로 안 돼. 새벽기도 설교도 내가 다 하고 한 번도 빠지면 안 돼.' 그렇지 않습니다.

당신이 없어도 목회는 잘됩니다. 오히려 더 잘될 수도 있습니다. 그러므로 날마다 전능하신 성령님께 목회를 양도하고 그분이 일하시는 것을 지켜보십시오.

한 목사님이 조급한 마음으로 목회 사역을 크게 확장하려고 생각했습니다. '빨리빨리, 뭐든 빨리빨리 해야 돼. 빨리 건물도 짓고, 빨리 광고해서 사람들을 많이 모으고, 빨리 세계 선교를 많이 하고, 빨리 주의 종도 많이 키워 내고, 빨리빨리.' 그러자 주님께서 말씀하셨습니다.

'내 종아, 내가 네게 지시하기까지는 아무 일도 벌이지 마라. 지금 있는 그대로 조용히 사역하라.'

그는 회개하고 다 내려놓았습니다. 어떤 목회자는 교회를 개척한 후에 마음이 콩 볶듯이 조급해집니다.

'교회가 빨리 성장해야 하는데, 언제까지 몇 명만 앉혀 놓고 설교해야 하나? 내가 이럴 사람이 아닌데.'

당신도 그렇게 생각하지 않습니까?

주님은 그런 당신에게 잠잠하라고 말씀하십니다.

'내 종아, 두세 사람이 내 이름으로 모인 곳에는 나도 그들 중에 있다고 했다. 두세 사람이 있고 내가 너희 중에 있는데 무엇이 부족하냐? 2, 3천 명이나 2, 3만 명이 아닌 두세 사람이 있을 때부터 목회를 내게 양도해야 한다. 목회는 네가 하는 것이 아니라 내가 한다. 두세 사람을 작다고 여기는 교만한 마음, 나의 임재가 아닌 군중을 바라보려는 악한 마음을 회개하라. 한 영혼이 얼마나 귀하냐?'

그렇습니다. 하나님은 교만한 자를 대적하시고 겸손한

자에게 은혜를 주십니다. 은혜는 큰 군중이 아닙니다. 주님의 임재입니다. 주님의 임재보다 더 큰 복은 없습니다.

주님의 임재를 바라보며 덩실덩실 춤추며 행복한 마음으로 예배하십시오. 두세 명이 모이고 주님이 계신다면 당신의 목회는 조금도 부족하지 않습니다. 당신의 잔이 넘칩니다. 자나 깨나 성령님을 의지하십시오. 죽도록 성령님을 의지하십시오. 그분이 하십니다. 성령님은 당신보다 억만 배나 큰 목회자이십니다. 성령님이 목회하십니다.

사역을 성령님께 양도하라

다섯째, 사역을 성령님께 양도해야 합니다.

"우리에게 주신 은혜대로 받은 은사가 각각 다르니, 혹 예언이면 믿음의 분수대로, 혹 섬기는 일이면 섬기는 일로, 혹 가르치는 자면 가르치는 일로, 혹 위로하는 자면 위로하는 일로, 구제하는 자는 성실함으로, 다스리는 자는 부지런함으로, 긍휼을 베푸는 자는 즐거움으로 할 것이니라."(롬 12:6~8)

당신은 어떤 은사를 받았습니까? 기억하십시오.

성령의 은사는 '개인에게 주신 것'이 아닙니다. '우리에게 주신 것'입니다. 그러므로 은사를 통한 사역을 성령님께 양도해야 합니다. 이것은 무엇을 말할까요? 성령님이 회중 가운데 마음대로 역사하시게 해야 한다는 말입니다.

나는 이렇게 기도합니다.

"성령님, 회중을 양도합니다. 강하게 임하시고 기름 부어 주세요. 성령님 마음대로 역사해 주세요."

많은 사역자들이 다양한 은사들이 나타나는 것을 즐거운 마음으로 지켜보지 못하고 자기 기준으로 통제하려고 합니다. 성령님은 '통제받는 분'이 아닌 '통제하시는 분'입니다. 성령님은 '종의 영'이 아닌 '주의 영'이십니다.

사람들은 양도하지 않고 자기가 주도하려고 합니다.

주도는 주인이 하는 것이지 종이 하는 것이 아닙니다. 성령님은 주의 영이시며 모든 것을 주도하시는 분입니다.

"나는 성령님이 주도하시는 것을 신뢰할 수 없어요. 내가 경험하거나 예상치 못한 일이 생기면 어떻게 하나요?"

그래서 성령님이 당신의 목회 현장에서 역사하시지 않는 것입니다. 많은 미련한 목회자들이 육신의 생각으로 성령님에 대한 모든 것을 자기가 통제하려고 합니다.

"방언하지 마. 예언하지 마. 안수하지 마."

바울은 "방언을 금하지 말고 예언하기를 사모하라"(고

전 14:39)고 했습니다. 그리고 "모든 것을 품위 있게 하고 질서 있게 하라"(고전 14:40)고 했는데 그 품위와 질서는 사람의 작고 좁은 바늘구멍 같은 기준이 아닙니다.

성령님의 크고 넓은 기준입니다. 사람이 자기 기준으로는 크신 성령님을 다 이해할 수 없습니다. 사람은 개미와 같이 작고 성령님은 바다와 같이 크신 분입니다. 성령님께는 열방이 통의 한 방울 물과 같고 저울의 작은 티끌 같습니다. 그분은 이 모든 것을 없는 것 같이 빈 것 같이 여기십니다. 그러므로 회중을 성령님께 양도하십시오.

그분이 어떻게 역사하시는지 자세히 지켜보고 그분의 역사하심을 있는 그대로 존중하고 받아들이십시오.

성령님이 주인님이십니다.

형제를 성령님께 양도하라

여섯째, 형제 사랑하는 일을 양도하십시오.

"사랑에는 거짓이 없나니 악을 미워하고 선에 속하라. 형제를 사랑하여 서로 우애하고 존경하기를 서로 먼저 하며 부지런하여 게으르지 말고 열심을 품고 주를 섬기라." (롬 12:9~11)

사랑에는 거짓이 없어야 합니다. 악한 것을 미워하고 선한 것을 굳게 잡아야 합니다. 하나님이 보실 때 거짓과 악한 것과 선한 것은 사람의 기준과는 많이 다릅니다.

어떤 사람은 "내게 일상의 모든 힘든 현상과 현실을 솔직하게 털어놓으라"고 말합니다. 그러나 하나님은 그런 '현상'을 말하지 말고 '언약'을 말하라고 하십니다.

눈에 보이는 현상을 말하면 사람들에게 휘둘립니다.

사람들은 외모로 모든 것을 판단하며 조금이라도 자기보다 약하다 싶으면 무시하고 짓밟고 괴롭힙니다. 그리고 상대방이 말한 그 현상을 비웃으며 올무를 놓습니다.

또 어떤 이는 "나 요즘 힘들어. 사업이 잘 안 돼. 돈이 없어"라고 말하면서 주위 사람에게 작은 위로와 격려라도 받고 싶어 하지만 상대방은 동물적인 감각으로 대하며 약해 보이는 그 사람을 얕잡아 보고 경멸합니다.

물론 겉으로는 "힘들죠? 안 되었네요. 힘내세요"라고 말하겠지만 속으로는 안 그런 경우가 많습니다.

사람들의 동정과 도움을 구하려고 하지 마십시오.

인생과 방백은 당신을 도울 힘이 없습니다.

오직 구원은 여호와께로부터 옵니다. 나는 지금까지 도울 힘이 없는 인생과 방백을 의지하지 않고 하나님만 의지하며 살아왔습니다. 하나님은 나를 실망시킨 적이 없고 1

초도 늦지 않고 정확한 때에 다 응답하셨습니다.

하나님이 보실 때 선과 악은 단순히 도덕적인 것이 아닙니다. 예수님은 은혜를 무시한 채 스스로 율법을 완벽하게 지키므로 의로워지려고 노력한 서기관과 바리새인, 제사장들을 향해 "독사의 새끼들아, 회칠한 무덤아, 너희 속에 온갖 악한 것이 가득하다"고 질책하셨습니다.

하나님이 보실 때 악한 것은 '율법주의'입니다.

하나님은 그런 것을 미워하십니다. 하나님은 가인의 믿음과 그의 제사를 미워하셨습니다. 하나님이 보실 때 선한 것은 '복음에 대한 믿음'입니다. 하나님은 아벨의 믿음과 그가 드린 '피 흘림의 제사'를 기뻐하셨습니다.

아벨은 하나님의 은혜를 인정했습니다.

하나님은 에서는 미워하셨고 야곱은 사랑하셨습니다.

하나님은 자기 힘을 내세운 바로 왕은 '천한 그릇'으로 사용하셨고 주의 힘을 의지한 모세는 '귀한 그릇'으로 사용하셨습니다. 당신은 둘 중에 어떤 그릇입니까?

하나님은 사람과 짐승의 목소리를 크게 여긴 사울은 왕의 자리에서 버리셨고 하나님과 주의 종의 목소리를 크게 여긴 다윗은 왕의 자리에 영원히 두셨습니다.

이런 예를 통해 하나님이 싫어하는 악한 것이 무엇인지 깨닫고 그것을 미워하기 바랍니다. 하나님이 좋아하는 선한 것이 무엇인지 깨닫고 그것을 붙잡기 바랍니다.

사람들을 대할 때 '형제의 사랑으로' 서로 다정하게 대하십시오. 여기서 말하는 형제의 사랑은 '혈육의 형제'가 아닙니다. 그리스도 안에서의 '주님의 형제'입니다.

가인과 아벨, 에서와 야곱, 아브라함과 롯, 다윗과 그의 형들, 요셉과 형제들을 보십시오. 그들이 육신을 따라 사랑과 우정을 나누며 다정하게 지낸 것이 아닙니다.

예수님이 말씀하셨습니다. "누가 내 형제요 모친이냐? 아버지의 뜻대로 하는 자라야 내 형제요 모친이다."

그러므로 우리 모두는 '하나님 안에서 선한 것'을 중심으로 형제가 되어 그 안에서 다정하게 대해야 합니다.

"존경하기를 서로 먼저 하라"(롬 12:10)고 했습니다. 또한 "잘 다스리는 장로들은 배나 존경하라"(딤전 5:17)고 했고 "자기 남편을 존경하라"(엡 5:33)고 했습니다.

그리고 성경은 분명히 그리스도 안에서 형제 된 자들끼리 서로 먼저 존경하라고 했습니다. 그리스도 안에 있는 모든 형제를 존중하십시오. 그리고 당신의 마음에서 어떤 형제도 망하기를 바라지 말고 잘되기를 축복하십시오.

그들의 과거와 현재와 미래에 개입하며 간섭하지 말고 전능하신 성령님께 양도하는 기도를 하십시오.

"성령님, 그 형제에게 기름 부으시기고 성령님이 원하

시는 대로 사용해 주세요. 그를 축복합니다."

우리는 하나님께로부터 난 그분의 자녀입니다.

"영접하는 자 곧 그 이름을 믿는 자들에게는 하나님의 자녀가 되는 권세를 주셨으니 이는 혈통으로나 육정으로나 사람의 뜻으로 나지 아니하고 오직 하나님께로부터 난 자들이니라."(요 1:12~13)

하나님의 자녀는 오직 성령님의 인도하심을 따라 살아야 하고 혈통과 육정과 사람의 뜻을 따라 살면 안 됩니다.

혈통은 부모 형제를 말합니다. 부모님을 성령님께 양도하십시오. 형제를 성령님께 양도하십시오. 그들을 성령님께 양도하지 않으면 당신이 책임지고 돌봐야 한다는 생각에 사로잡히고 그러면 혈육에 정신없이 끌려 다니게 됩니다. 그런 사람은 하나님께 쓰임 받지 못합니다.

예수님은 "선지자가 자기 고향 외에서는 존경 받지 못함이 없다"고 하셨습니다. 바울도 "내가 혈육과 의논하지 않고 아라비아에 갔다"고 했습니다. 혈육을 존중하되 거기에 매이지 않아야 합니다. 혈육을 성령님께 양도하고 혈육을 초월하는 사람이 되어야 합니다. 한나는 사무엘이 그렇게 귀한 아들이었지만 주의 종으로 주의 집에 완전히 맡겼습니다. 요셉은 가족을 자기가 있는 곳에 두지 않고 어느 정도 거리를 두고 부양했습니다. 나는 혈통과 육정과 사람의 뜻에 매여 쩔쩔매는 사람들에게 말합니다.

“혈통과 육정과 사람의 뜻에 대해 거리를 두라.”

그리고 집 문을 열어 두고 사는 사람에게 말합니다.

“당신의 집에 아무나 들락거리지 못하게 하라.”

뭐든 적당한 거리를 두는 것이 지혜입니다.

성령님의 음성을 따라 인간관계를 조절하십시오.

혈육 간의 형제들에 대해 지혜롭게 행하고 세월을 아끼십시오. 그들과 어울려 다니며 먹고 마시지 말고 하나님 앞에 엎드려 기도하며 그분의 음성에 귀 기울이십시오.

연락을 좋아하지 마십시오. 잠언에 말씀합니다.

“연락을 좋아하는 자는 가난하게 되고 술과 기름을 좋아하는 자는 부하게 되지 못하느니라.”(잠 21:17)

여기서 연락은 ‘밤낮 먹고 마시면서 잔치를 벌이는 것’을 말합니다. 그런 사람은 가난하여진다고 했습니다.

그리스도 안에 있는 형제는 자주 만나고 혈육 간의 형제는 가끔 만나십시오. 결혼했으면 물리적으로 어느 정도 거리를 두고 조용히 생활하고 자주 만나지 마십시오.

나는 형제와 1년에 세 번 정도 만나는데, 그래도 관계가 좋습니다. 그렇게 몇 개월 만에 만나도 어제 만난 것 같이 반갑고 편안하고 자연스럽습니다. 이것이 올바른 혈통관계를 유지하는 지혜입니다. 당신은 어떤가요?

육정은 친구 관계를 말하는데, 친구도 자주 만나거나 그의 집에 가지 않는 것이 좋습니다. 나는 어릴 때 사귀었던 친구를 1년에 한두 번 만나는데도 사이가 좋습니다.

신학대학원에서 만난 친구들은 두 달에 한 번씩 만나는데 그 정도가 딱 좋습니다. 너무 자주 만나는 것 같다고 3개월에 한 번씩 만나자는 의견도 나왔습니다. 동창회와 노회 목사님들은 1년에 두 번 정도 만납니다. 그래도 사이가 좋습니다. 너무 자주 만나면 문제가 생깁니다.

'혈통과 육정'에 매이면 성령님의 인도를 받는데 지장이 생깁니다. 성령님의 음성보다 그들의 말이 더 크게 들릴 때도 있고 주위에서 애원하며 뭔가 부탁하면 거절하기도 곤란합니다. 그런 부탁을 다 들어주며 이리저리 뛰어다니다 보면 기도하는 일과 말씀 사역을 소홀히 하게 됩니다. 사도들이 과부를 접대하는 일에 빠져서 그랬던 것과 같습니다. 그들은 그렇게 하지 않겠다고 결심했습니다.

"이렇게 하는 것이 마땅치 않다. 우리는 오로지 기도하는 일과 말씀 사역에 힘쓰리라."(행 6:4)

무엇보다 '사람의 뜻'에 매이지 않도록 주의하십시오.

사람의 뜻은 무엇일까요? 사람의 땀과 피와 눈물을 내세우며 자랑하는 '율법주의'를 말합니다. 그리고 사람의 마음에서 나온 온갖 철학과 사상들, 율법주의와 이단 사상인데 이것들을 멀리 해야 합니다. 그런 것에서 자신을 깨끗하게 해야 하나님께 귀히 쓰임 받는 그릇이 됩니다.

하나님께 귀히 쓰임 받는 그릇이 되기 바랍니다.

믿음의 생각만 하라. 제 5 부 – 김열방

성령님께 모든 것을 양도하는 방법

모든 것을 성령님께 양도하라

당신은 모든 것을 성령님께 양도합니까?

나는 매일 아침 성령님께 모든 것을 양도합니다.

내가 주인 행세하지 않고 주인님이신 성령님께 완전히 양도합니다. 그러면 그분이 일하십니다. 일을 행하고 그것을 성취하는 분은 바로 성령님이십니다. 그분은 내가 알지 못하는 크고 비밀한 일을 나타내시며 내가 100년 동안 씨름해도 못 푸는 문제를 하루 만에 해결하십니다.

당신도 모든 문제를 성령님께 양도하기 바랍니다.

어떻게 양도해야 할까요? 나는 6가지를 실천합니다.

첫째, 성령님께 잠잠히 양도합니다.

둘째, 성령님께 실제로 양도합니다.

셋째, 성령님께 목숨을 양도합니다.

넷째, 성령님께 자녀를 양도합니다.

다섯째, 성령님께 교회를 양도합니다.

여섯째, 성령님께 회중을 양도합니다.

여기에 대한 깨달음을 나누고자 합니다.

잠잠히 성령님께 양도하라

첫째, 성령님께 잠잠히 양도해야 합니다.

주님은 말씀하십니다. "여호와 앞에 잠잠하고 참아 기다리라."(시 37:7) 당신에게 어떤 좋고 나쁜 일이 생겼든, 악한 자가 망하든 형통하든, 어떤 큰 꿈과 소원을 품고 기도하든, 하나님 앞에서 잠잠하고 참아 기다려야 합니다.

함부로 입을 열지 말고 그분이 실제로 임하셔서 일하시

는 것을 지켜보아야 합니다. "일을 행하시는 여호와, 그것을 만들며 성취하시는 여호와"(렘 33:2)라고 했습니다.

그분은 모든 일을 만들며 성취하는 분이십니다.

당신은 그분께 부르짖어 기도하면서 양도하는 기도만 하면 됩니다. 그러면 그분이 응답하시고 당신이 알지 못하는 크고 은밀한 일을 당신에게 보이실 것입니다.

실제로 성령님께 양도하라

둘째, 성령님께 실제로 양도해야 합니다.

당신이 어떤 문제를 성령님께 양도한다고 할 때 그것은 추상적이거나 이론적인 것이 아닌 실제로 양도하는 것입니다. 양도했으면 그분께로 넘어갔기 때문에 그분이 실제로 일하신다는 것을 믿어야 합니다. 나는 "성령님께 이 문제를 양도합니다"라고 말씀드린 후에 그분이 임하셔서 일하시는 것을 눈으로 본 적이 여러 번 있습니다.

성령님은 막연한 분이 아닙니다. 성령님은 당신이 겪는 모든 환난과 시련, 문제와 고통보다 억만 배나 크신 분이고 실제적인 분입니다. 그분을 믿으십시오.

목숨을 성령님께 양도하라

셋째, 목숨을 성령님께 양도해야 합니다.

사람이 가장 두려워하는 것은 목숨을 잃을까 하는 것입니다. 자녀와 반려 동물, 넓은 땅과 고층 빌딩, 수만 명의 군중, 수천억 원의 돈, 아파트와 자동차를 잃는 것이 두려운 것이 아닙니다. 자기 목숨입니다.

다들 목숨을 위하여 의식주를 염려합니다. 목숨을 위하여 도망갑니다. 목숨을 위하여 돈을 법니다. 목숨을 위하여 배신합니다. 목숨을 성령님께 양도하면 모든 두려움이 사라지고 초자연적인 평강이 옵니다.

자기 목숨을 위해 예수님을 배반했던 베드로는 성령이 임한 후에 달라졌습니다. 내일 목이 잘려 죽을 판인데도 코를 골며 잤습니다. 기도하고 귀신을 쫓아냈다가 목숨이 위태로울 정도로 매를 맞았던 바울과 실라도 옥에서 기도하고 찬송했습니다. 목숨을 양도했기 때문입니다.

하루에 세 번 기도에 힘썼던 다니엘은 목숨을 성령님께 양도하고 담대히 사자 굴에 들어갔습니다. 모세도 목숨을 성령님께 양도하고 바로 왕을 만났으며 에스더도 세례 요한도 그랬습니다. 당신은 무엇이 두렵습니까?

예수님은 "마음을 다하고 목숨을 다해 하나님을 사랑하

라"고 하셨습니다. 목숨을 다해 하나님을 사랑하려면 이렇게 말씀드리며 목숨을 성령님께 양도해야 합니다.

"성령님, 제 목숨을 양도합니다."

자녀를 성령님께 양도하라

넷째, 자녀를 성령님께 양도해야 합니다.

아브라함은 독자 이삭을 제물로 드리며 성령님께 양도했습니다. 한나는 아들 사무엘을 주의 종으로 바치며 성령님께 양도했습니다. 엘리 제사장은 자신의 몸도 자녀도 성령님께 양도하지 않았기 때문에 몸은 비대해져 목이 부러져 죽었고 자녀인 홉니와 비느하스는 하나님 앞에서 큰 죄를 지었고 전쟁터에 나가 한 날에 죽고 말았습니다.

자녀는 내 힘으로 안 됩니다. 자녀보다 억만 배나 크고 실제적인 분이신 성령님께 양도해야 합니다. 그렇게 자녀를 양도한 믿음의 어머니 때문에 방탕하게 살다가도 나중에 회개하고 하나님께 귀하게 쓰임 받은 주의 종들이 많습니다. 나는 무릎 꿇고 이렇게 간구합니다.

"성령님, 자녀를 양도합니다. 기름 부으시고 성령님이 원하시는 대로 자녀를 사용해 주세요."

교회를 성령님께 양도하라

다섯째, 교회를 성령님께 양도해야 합니다.

목회자는 자신이 목회한다는 '주인 의식'을 버려야 하고 성도들은 자신이 교회의 주인이라는 '주인 의식'을 버려야 합니다. 목회는 성령님이 하시며 교회의 주인은 성령님이십니다. 성령님은 목회자와 교인들, 예배당과 재정 문제, 온갖 프로그램보다 더 크고 실제적인 분이십니다.

그러므로 자신이 목회를 잘하겠다는 생각, 교회를 지키고 키우겠다는 생각을 내려놓고 날마다 엎드려 성령님께 양도하는 기도를 해야 합니다. 이렇게 기도하십시오.

"성령님, 교회를 양도합니다. 기름 부으시고 성령님이 원하시는 대로 교회를 사용해 주세요."

회중을 성령님께 양도하라

여섯째, 회중을 성령님께 양도해야 합니다.

목회자에게 있어 회중은 '내가 사역하는 교인'을 말합니다. 성도들에게 있어 회중은 '내가 사역하는 사업장'을 말합니다. 회중과 사업을 성령님께 양도하십시오. 그러면 안 될 것 같지만 더 잘됩니다.

나는 예배 때마다 이렇게 기도합니다.

"성령님, 주인이신 성령님께서 회중 위에 마음껏 운행하시고 마음대로 역사해 주세요."

사업장을 성령님께 맡기면 성령님이 임하시고 기름 부으시고 성장하게 하십니다. 당신이 기업의 주인이 아니라 성령님이 주인님이십니다. 이렇게 말씀드리십시오.

"성령님, 주도자이신 성령님께서 사업장에 마음껏 운행하시며 원하시는 대로 역사해 주세요."

지금 어떤 돈 문제로 고민하고 있습니까?

큰 사업 자금 문제든 작은 공과금 문제든 모두 성령님께 양도하십시오. 성령님은 당신의 모든 돈 문제를 해결하시고 모든 쓸 것을 넘치게 채우시는 하나님이십니다.

"나의 하나님이 그리스도 예수 안에서 영광 가운데 그 풍성한 대로 너희 모든 쓸 것을 채우시리라."(빌 4:19)

그분이 어떻게든 다 채우십니다.

조금도 염려하지 마십시오.

믿음의 생각만 하라. 제 6 부 – 김향숙

십자가에서 다 이룬 복음만 생각하라

예수님이 십자가에서 다 이룬 복음을 아십니까?

예수님은 십자가에서 다 이루신 후에 그 영혼이 떠나가셨습니다. 요한복음 19장 30절을 보십시오.

"예수께서 신 포도주를 받으신 후에 이르시되 '다 이루었다' 하시고 머리를 숙이니 영혼이 떠나가시니라."

우리가 이러한 예수님을 믿으면 모든 죄를 사함 받고 성령님이 함께 하시며 인생의 모든 문제가 해결됩니다.

그분이 우리의 죄와 모든 저주를 해결하셨습니다.

"다 이루었다."

이것보다 충격적인 말씀은 없습니다. 천지를 창조하신 후에 "천지와 만물이 다 이루어지니라"(창 2:1)고 기록했는데 예수님은 십자가 사건에서 이 말씀을 하셨습니다.

예수님이 다 이루시고 우리에게 말씀하십니다.

"너희는 믿기만 하라."(눅 8:50)

하나님이 우리에게 요구하시는 것은 행위가 아닌 믿음입니다. 믿으면 성령님이 함께 하십니다. 믿으면 하나님의 영광을 보게 됩니다. 하나님은 믿음을 찾으시고 칭찬하십니다. 믿을 때 천국 같이 살다가 천국으로 가게 됩니다.

예수님을 믿으면서도 잘못 알면 마음이 곤고하지만 바로 믿으면 늘 행복합니다. 예수님은 그분을 믿는 자들에게 "그 배에서 생수의 강물이 흘러넘친다"고 하셨습니다.

예수님이 십자가에서 우리의 죄와 목마름, 병과 가난, 어리석음과 징계와 죽음을 다 가져가셨다는 사실을 믿으십시오. 예수님을 믿으면 의와 성령 충만, 건강과 부요, 지혜와 평화와 생명을 얻게 됩니다. 이것이 복음입니다.

죄는 무엇입니까? 단순히 윤리적인 것이 아닙니다.

성경은 "믿지 않는 것이 죄다"라고 말씀합니다. 하나님을 믿지 않으니까 자기 마음대로 사는 것입니다.

지금도 많은 사람들이 마귀에게 끌려 다니며 죽음의 길을 갑니다. 그들은 하나님의 말씀도 모르고 예배도 안 합니다. 하나님을 경외하지도 않습니다. 예수 그리스도를 구주로 믿고 하나님을 경외하는 사람은 어떻게 될까요?

그리스도 안에서 일곱 가지의 복을 받는데 의와 성령 충만, 건강과 부요, 지혜와 평화와 생명입니다. 당신이 그리스도 안에 있다면 완전히 새로운 피조물이 되었으므로 오직 이것만 생각해야 합니다. 죄와 목마름, 병과 가난, 어리석음과 징계와 죽음은 생각하지 말아야 합니다.

그런 생각이 떠오르지 않게 해 달라고 성령님께 도움을 구하십시오. 구체적으로 하나씩 알아볼까요.

성령님, 의만 떠오르게 해 주세요

첫째, 그리스도 안에서 의인이 됩니다.

우리가 과거에는 죄인이었지만 지금은 예수를 믿음으로 하나님 앞에서 의인이 되었습니다. 로마서 1장 17절에 "복음을 믿는 자는 의인이 되었다"고 했습니다.

"복음에는 하나님의 의가 나타나 믿음으로 믿음에 이르게 하나니 기록된 바 오직 의인이 믿음으로 살리라."

하지만 복음을 믿지 않는 사람은 마귀의 종으로 삽니다. 하나님은 영이시므로 눈에 보이지 않고 손에 잡히지 않지만 세상 어떤 것보다 실제적인 분이십니다. 하나님이 계신다는 것을 마음으로 믿고 입으로 시인할 때 은혜가 임합니다. 지금 입술을 열고 이렇게 고백하기 바랍니다.

"나는 하나님이 예수 그리스도를 죽은 자 가운데서 살리신 것을 믿습니다. 예수님은 하나님의 아들이십니다."

이 사실을 마음으로 믿으면 의에 이르고 입으로 시인하면 구원에 이릅니다. 나를 구원하신 예수님을 믿고 받아들일 때 그 사람 안에서 성령님이 역사하십니다.

예수님은 구원자이십니다.

성령님, 생수의 강만 떠오르게 해 주세요

둘째, 성령 충만하게 됩니다.

예수를 구주로 믿으면 영원히 목마르지 않게 됩니다.

예수를 믿지 않는 사람은 아무리 많은 돈과 명예, 권세와 학벌이 있어도 갈급합니다. 아무리 밥을 많이 먹어도 마음이 굶주리고 아무리 술을 많이 마셔도 영혼이 목마릅니다. 아무리 돈을 많이 가져도 소용없습니다.

그 목마름은 끝이 없습니다. 늘 더 가지고 싶은 욕망 밖에 없습니다. 그러나 예수를 구주로 믿으면 그 배에서 생수의 강이 흘러 나기 때문에 목마름이 사라집니다.

성령이 충만한 사람이 되는 것입니다.

예수님이 말씀하셨습니다.

"나를 믿는 자는 성경에 이름과 같이 그 배에서 생수의 강이 흘러나오리라."(요 7:38)

이것은 영적인 것이며, 생수의 강물이 우리 안에서 실제로 흐른다는 것입니다. 우리 안에 있는 그 생수의 강물은 바깥으로 흘러나오게 됩니다. 예수를 믿지 않으면 그 마음에 악한 생각만 가득하게 되며 결말은 지옥입니다.

뼈가 빠지도록 고생하며 돈을 벌어도 죽어서 지옥에 간다면 무슨 소용입니까? 예수를 믿지 않으면 영원한 생명과 상관이 없습니다. 육신을 따라 살다가 끝납니다.

우리가 잘사는 것은 하나님의 뜻입니다. 하지만 예수 밖이 아닌 예수 안에서 잘살아야 합니다. 예수 안에 있는 사람은 하나님의 영광을 위해 살기 때문에 돈이 아무리 많아도 괜찮습니다. 그 사람은 변함없이 하나님을 경외하며 성령님의 도우심을 받으며 거룩한 삶을 삽니다.

성령님, 건강만 떠오르게 해 주세요

셋째, 그리스도 안에서 몸이 건강해집니다.

많은 사람들이 건강을 잃고 그 몸이 '병 집'으로 삽니다. 몸 안에 온갖 병을 넣고 다니면서 고통을 겪는 것입니다. 우리는 예수님이 채찍에 맞음으로 모든 질병과 연약함을 담당하셨다는 사실을 알고 병마를 대적해야 합니다.

예수를 믿는다고 하면서도 성령으로 충만하지 않으면 악한 영이 공격하고 또 그 안에 들어가 자리를 잡습니다. 그리고 온갖 질병을 일으킵니다. 모든 병이 귀신 때문인 것은 아니지만 귀신은 많은 병을 일으킵니다.

성경에 "한 사람이 귀신들려 꼬부라지고 오랫동안 앓았다"(눅 13:11)고 했습니다. 당신은 예수 이름으로 마귀를 대적하고 귀신을 쫓아내야 합니다. 그러면 떠나갑니다.

예수님은 "더러운 귀신이 물 없는 곳으로 다니다가 다시 제 집으로 돌아와 그 속에 들어간다"고 했습니다. 그것도 더 악한 귀신 일곱을 데리고 온다고 했습니다.

우리는 마귀를 대적하고 악한 영이 틈타지 못하도록 마음의 문을 굳게 닫고 지켜야 합니다. 조금만 아파도 "아프다, 아프다"라고 말하는데, 말을 조심해야 합니다.

"죽겠다, 죽겠다"는 말도 하지 말아야 합니다.

그런 부정적인 말을 타고 악한 영이 역사하기 때문입니다. 사람은 생각한 대로 말한 대로 됩니다. 그런 부정적인 생각과 말을 하지 않으려면 어떻게 해야 할까요?

이렇게 말씀드리며 성령님께 도움을 구하면 됩니다.

"성령님, 부정적인 생각이 떠오르지 않게 해 주세요."

당신은 하나님의 자녀입니다. 모든 상황에 믿음의 말만 해야 하는데, 그러려면 믿음의 생각이 가득해야 합니다.

이렇게 말씀드리며 성령님께 도움을 구하십시오.

"성령님, 오늘도 믿음의 생각만 가득하게 해 주세요."

연약함과 질병을 인정하거나 받아들이지 말고 예수 이름으로 대적해야 합니다. 왜일까요? 마태복음 8장 17절에 "그가 우리의 연약한 것을 친히 담당하시고 병을 짊어지셨다"고 말씀했기 때문입니다. 예수님이 당신의 모든 연약함과 질병을 십자가에서 담당하셨습니다.

그러므로 당신은 오직 믿음의 말만 해야 합니다.

"나는 건강한 사람이다. 예수님이 채찍에 맞음으로 나의 연약함을 다 담당하셨다. 나는 평생 병 없이 산다."

입버릇처럼 이렇게 말하십시오.

"나는 예수님 때문에 건강한 사람이 되었다."

이 사실을 마음으로 믿고 입으로 시인하며 살기 바랍니다. 그러면 이 복음의 말씀이 당신의 영혼에 믿음이 되고 능력이 되고 생명이 됩니다. 당신의 몸에서 모든 질병과 연약함이 떠나가고 치유와 건강이 임할 것입니다.

성령님, 부요만 떠오르게 해 주세요

넷째, 그리스도 안에서 부요한 삶을 살게 됩니다.

예수님이 십자가에서 당신의 가난을 다 짊어지고 죽으셨으므로 가난은 더 이상 당신과 아무 상관이 없습니다.

'가난한 것이 하나님의 뜻이다'라는 생각을 버리세요.

사람은 자기 생각대로 삽니다. 결코 자기 생각보다 더 큰 삶을 살 수 없습니다. 밤낮 '나는 가난하다'라고 생각하고 믿는 사람이 어떻게 하나님이 주시는 물질의 복을 받을 수 있겠습니까? 그런 생각을 바꿔야 복을 받습니다.

예수님을 알면 생각이 높아지고 커집니다. 예수님은 하늘과 땅의 모든 권세를 가지신 분이고 하나님이십니다.

이러한 예수님을 알 때 그분의 능력과 지혜로 모든 문제와 상황과 사건을 뛰어넘으며 해결하게 됩니다.

자기 생각에 갇혀 벗어나지 못하는 사람은 그 생각 안에서 작게 행동할 수밖에 없습니다. 크게 행동하려면 크게 생각해야 합니다. 동전 한 개 곧 100원만 아는 아이는 100만 원이라는 수표가 있는지 모릅니다. 그런 아이가 어떻게 하나님께 100만 원이란 돈을 구하고 받겠습니까?

예수님은 우리의 100원의 가난만 짊어진 것이 아닙니다. 100만 원의 가난도 짊어지셨고 100억 원의 가난도 짊어지셨습니다. 당신의 대에서 가난을 끝내십시오.

아이는 친구에게 100원을 빚지지만 어른은 카드 값으로 100만 원을 빚지기도 하고 빌딩을 사기 위해 100억을 대출받기도 합니다. 이러한 모든 가난을 예수님이 십자가에서 담당하셨다는 사실을 알고 "나는 부요하다"라고 믿고 말해야 합니다. 그러면 어느 날 하루 만에 그런 빚이 다 사라지게 됩니다. 이것이 하나님의 은혜입니다.

예수님이 당신의 과거와 현재와 미래의 모든 가난을 다 짊어지셨습니다. 당신의 가정과 동네와 도시와 나라의 가난도 다 짊어지셨습니다. 이 사실을 믿으십시오.

그분은 원래 부요하신 분이었습니다. "우리 주 예수 그리스도의 은혜를 너희가 알거니와 부요하신 이로서 너희를 위하여 가난하게 되심은 그의 가난함으로 말미암아 너희를 부요하게 하려 하심이라."(고후 8:9)

분명히 "부요하신 자로서"라고 했습니다. 그런 분이 우리를 위해 십자가에서 가난하게 되신 것입니다. 왜 가난하게 되었나요? "우리를 부요케 하기 위해서"입니다.

이것이 하나님의 뜻인데 왜 이 놀라운 은혜를 받아들이지 않습니까? 돈에 대한 부정적인 생각을 버리십시오.

'가난해야 하나님을 잘 믿어.'

'가난한 사람이 경건한 사람이야.'

그렇지 않습니다. 가난하기 때문에 돈 문제에 있어 신용을 잃고 세상 사람들에게 조롱당하는 그리스도인이 얼마나 많은지 모릅니다. 돈은 꼭 필요하며 중요합니다.

집세를 못 내면 쫓겨나고 폰 요금을 못 내면 끊깁니다.

그걸 두고 세상 사람들은 "경건한 사람이다"라며 칭찬하지 않습니다. 오히려 신용이 없다고 비웃습니다.

교회 안이든 밖이든 "저 사람은 돈 문제에 믿을 수 있는 사람이야"라는 말을 들으려면 십일조도 잘 내고 결제도 잘해야 합니다. 이자도 잘 내고 월세도 잘 내야 합니다.

그리고 한 걸음 더 나아가 하나님께 많은 복을 받아 월세 내는 위치에서 월세 받는 위치로 옮겨야 합니다.

그렇지 않습니까? 이러한 예수 그리스도의 은혜를 당신이 알고 있습니까? 이걸 모르면 평생 가난하게 삽니다.

생각을 바꾸십시오. 우리가 믿는 하나님은 만물을 창조하신 분이며 온 세상에서 가장 부요하신 분입니다. 그런 분이 우리의 아버지이십니다. 그분은 우주의 재벌 그룹 총수이시고 우리는 그분의 가문의 일원이 되었습니다.

가난은 복음이 아닙니다. "가난한 자에게 복음이 전파된다"고 했지 "가난하게 살라"고 하지 않았습니다.

"가난한 중에도 믿음을 지키라"고 했지 결코 "가난하게 살라"고 하지 않았습니다. 사람들이 부자와 나사로 이야기에서 감동을 받는데, 부자도 나사로도 우리의 롤 모델이 아닙니다. 아브라함과 하나님이 우리의 롤 모델입니다.

부자와 나사로가 믿음의 조상입니까? 아닙니다.

아브라함이 믿음의 조상이며 하나님은 우리 영혼의 아버지가 되십니다. 바울은 "너희는 하나님을 본받는 자가 되라"(엡 5:1)고 했습니다. 나사로에게서는 좋은 것 한 가지 곧 믿음만 본받아야지 가난을 본받으면 안 됩니다.

하나님은 가난하지 않습니다. 그분은 거지가 아니며 노숙자도 아닙니다. 하나님은 모든 참새에게 제 집을 주시고 여우에게 굴을 주시는 부요하신 분입니다.

이 땅의 모든 빌딩과 아파트의 주인은 하나님이십니다.

사람들이 그곳에서 50~100년 정도 잠시 빌려서 살뿐입니다. 죽을 때는 모두 빈손으로 가야 합니다.

"너희를 부요하게 하려 하심이라"고 했습니다. 이것이 예수님을 가난하게 하신 하나님의 목적과 의도입니다.

그렇다면 당신도 이 말씀에 의합해야 합니다.

당신이 믿음으로 결부하지 않으면 이 엄청난 말씀이 당신과는 아무 소용없습니다. 복음을 믿으십시오.

모든 선입견을 버리고 복음의 말씀을 붙잡고 사십시오.

그러면 반드시 하나님께 복을 받고 가난에서 벗어나 부요한 삶을 살게 됩니다. 이것이 하나님의 뜻입니다.

가난에 대한 설교를 듣지 마십시오. 믿음은 들음에서 나며 들음은 그리스도의 말씀으로 말미암는다고 했는데 왜 그리스도의 말씀이 아닌 사람의 말에 귀를 기울입니까? 사람들은 자기 기준으로 이렇게 말합니다.

"당신이 부요하게 사는 것은 하나님의 뜻이 아니다."

"가난하면 더 겸손해지고 믿음도 좋아진다."

"돈이 뭐 중요해. 돈이 없어도 마음이 중요해."

그러면서 마음이 있으면 돈으로 표현하라고 말합니다.

장례식이나 결혼식에 돈이 없다며 빈손으로 가 보십시오. 그들이 괜찮다고 할까요? 아닙니다. 겉으로는 웃으며 그럴지 몰라도 속으로는 '예수 믿는 사람들은 인색해. 지지리도 궁상떨어. 그들이 정말 싫어'라고 할 것입니다.

하나님과 예수님은 스크루지 할아버지가 아닙니다.

그분은 궁상떠는 당신에게 이렇게 말씀하십니다.

"산도 내 것이요 들도 내 것이요 천산의 생축이 모두 내 것이다. 나는 부요한 하나님이다. 예수도 부요하다."

하나님의 말씀을 듣고 생각을 바꿔야 합니다.

하나님은 성경 말씀과 주의 종의 입술을 통해 말씀하십니다. 주의 종은 날마다 자기를 부인하고 '자아 죽음' 곧 자기 십자가를 지고 예수님이 십자가에서 다 이룬 복음을 전해야 합니다. 이 복음은 5천조 원보다 귀합니다.

마귀는 죽이고 도둑질하고 멸망시키기 위해 왔지만 예수님은 양으로 하여금 생명을 얻되 넘치도록 얻게 하기 위해 오셨습니다. 우리는 마귀를 대적하고 예수님을 따라야 합니다. 생명을 얻었다고요? 지금 죽어도 천국에 간다고요? 맞습니다. 하지만 그게 다가 아닙니다. "생명을 얻되 넘치게 얻는다"고 했으니 넘치게 얻는 은혜도 받아 누려야 합니다. 이 말씀을 당신의 것으로 붙들기 바랍니다.

성령님, 지혜만 떠오르게 해 주세요

다섯째, 그리스도 안에서 지혜를 얻게 됩니다.

어리석은 자가 예수를 믿음으로 지혜로운 자가 됩니다.

왜일까요? 예수님이 십자가에서 가시 면류관을 쓰고 죽으심으로 우리의 어리석음을 담당하셨기 때문입니다.

사람의 머릿속에는 150억 개의 뇌세포가 있는데, 예수님이 그들의 머리로 지은 죄를 속량하기 위해 가시 면류관을 쓰고 뜨거운 피를 흘리셨습니다.

그 결과가 무엇입니까? 지혜와 총명입니다.

에베소서 1장 8절에 "이는 그가 모든 지혜와 총명으로 우리에게 넘치게 하셨다"고 했습니다.

그로 인해 하나님은 당신에게 그분을 경외하는 지혜를 주셨고 예수 그리스도 복음을 깨닫는 총명을 주셨습니다.

그 외에도 기억력과 집중력, 이해력과 창의력, 몰입력 등 수십 가지의 능력을 회복시켜 주셨습니다.

이 사실을 의심하지 말고 믿기 바랍니다.

그리스도 안에 있는 당신은 바보가 아닌 천재입니다.

당신의 머리에 대한 부정적인 생각을 버리십시오.

'나는 머리가 나빠, 돌대가리야.'

'나는 기억력이 점점 나빠져.'

그렇지 않습니다. 당신 안에 예수 그리스도가 살아 계시기 때문에 당신은 결코 머리가 나빠지지 않습니다.

성령님은 지혜의 영이십니다. 성령님은 당신에게 하나님의 지혜와 총명을 날마다 공급해 주십니다. 당신의 생각이 아닌 당신의 생각보다 더 높은 생각 곧 하나님의 생각을 부어 주십니다. 이렇게 생각하십시오.

'하나님이 그분의 지혜와 총명을 주심으로 말미암아 나는 지혜로운 자가 되었다. 이것은 학교 공부와 상관없다.'

당신 안에 하나님의 지혜가 흐르고 있습니다.

당신은 그리스도 안에서 천재입니다.

성령님, 평화만 떠오르게 해 주세요

여섯째, 그리스도 안에서 평화를 누립니다.

그리스도 안에 있는 당신은 하나님께 징계를 받지 않습니다. 예수님이 당신 대신 징계를 받으셨기 때문입니다.

성경은 말씀합니다. "그가 징계를 받음으로 우리가 평화를 누리고."(사 53:5) 여기서 말하는 징계는 '죄와 허물로 인한 형벌'을 의미합니다. 예수를 믿으면 하나님과 평화를 누리게 되므로 더 이상 형벌을 받지 않습니다.

"징계가 없으면 아들이 아닌 사생자라고 했고 모든 사람이 하나님의 징계를 받는다고 했잖아요?"

그렇지 않습니다. 지금의 징계는 말씀으로 가르치고 책망하고 권면하는 것입니다. 결코 '형벌'이 아닙니다. 우리가 마땅히 받을 형벌을 예수님이 다 받으셨습니다. 그러므로 우리는 마귀가 뿌리는 형벌에 대한 부정적인 생각의 씨앗을 받아들이지 말고 거부하고 대적해야 합니다.

마귀가 어떤 부정적인 생각을 뿌릴까요?

'너는 죄가 있어. 형벌을 받아서 암이 생길 거야.'

'너는 허물이 있어, 하나님이 교통사고로 치실 거야.'

'네가 유산한 것은 죄에 대한 하나님의 형벌이야.'

결코 그렇지 않습니다.

당신의 모든 허물과 죄는 예수님이 담당하셨습니다.

예수님의 보혈이 당신에게 흐르고 있습니다. "그가 찔림은 우리의 허물 때문이요 그가 상함은 우리의 죄악 때문이라. 그가 징계를 받음으로 우리가 평화를 누리고 그가 채찍에 맞음으로 우리가 나음을 받았도다."(사 53:5)

이 말씀은 예수님이 십자가에서 가시에 찔림으로 당신의 모든 허물과 죄악에 대한 형벌을 받았다는 것입니다.

'나는 허물이 있어요. 죄가 자꾸 떠올라요.'

육신의 생각이요 마귀의 거짓말입니다. 당신의 모든 죄와 허물은 예수님의 보혈로 씻겼고 하나도 없습니다.

하나님이 보실 때 당신은 그리스도 안에서 의인입니다.

결코 죄인이 아닙니다. 새로운 피조물입니다.

"의인은 없나니 하나도 없다고 했잖아요?"

그것은 그리스도 밖에 있는 사람을 가리킵니다.
당신은 그리스도 안에 있습니다.

예수님이 찔린 것은 당신의 허물 때문입니다.
예수님이 상한 것은 당신의 죄악 때문입니다.
예수님이 징계를 받음으로 당신이 평화를 누립니다.
예수님이 채찍에 맞음으로 당신이 나음을 받았습니다.
예수님이 당신 대신 물과 피를 쏟으셨습니다.

예수님이 당신이 받아야 할 징계를 다 받으셨습니다.

그러므로 지금 당신이 고통당하며 고생하는 것은 당신의 죄와 허물 때문이 아닙니다. 그것은 육신의 생각의 결과이며 마귀에게 속고 있는 것입니다. 그런 육신의 생각이 떠오르지 않게 해 달라고 성령님께 도움을 구하십시오.

이렇게 말씀드리면 됩니다.

"성령님, 육신의 생각이 떠오르지 않게 해 주세요."

하나님은 당신이 무지 가운데 고생하며 근심하기를 원치 않으십니다. "주께서 인생으로 고생하게 하시며 근심하게 하심은 본심이 아니시로다."(렘애 3:33)

'무지로 인한 고생'은 '복음을 위한 고난'과 다릅니다.

바울은 디모데에게 "복음을 위해 나와 함께 고난을 받

으라"고 했습니다. "무지로 인한 고생을 하라"고 하지 않았습니다. 당신은 지금 어디에 빠져 있습니까?

당신이 암에 걸리는 것, 교통사고 나는 것, 불안과 두려움에 잡히는 것, 사업이 망하는 것 등은 고난이 아닙니다.

사람들은 모두 하나님이 친 것이라고 말합니다. 하나님이 자기를 매로 쳤기 때문에 고난이라는 것입니다.

"내가 공황 장애를 겪는 것은 고난이다."

결코 고난이 아닙니다. 고생입니다.

"내가 치매에 걸린 것은 고난이다."

그것도 고난이 아닌 고생입니다.

"스트레스 때문에 병이 왔어요."

다윗처럼 스트레스를 많이 받은 사람이 누가 있나요?

그는 하나님을 바라봄으로 그 모든 스트레스를 이겼습니다. 우리는 그리스도 안에서 날마다 평안을 누려야 합니다. 성령님은 스트레스보다 억만 배나 크신 분입니다.

예수님이 채찍에 맞으셨고 십자가에 달리셨습니다.

그러므로 우리는 나았습니다. '나는 나았다. 건강하다'라며 믿음의 생각만 해야 합니다. 현상적으로 몸이 좀 아프고 사업이 안 되는 것 같아도 그것을 믿지 말고 하나님의 말씀을 믿고 '나는 잘된다. 저절로 잘된다'라고 믿음의 생각만 해야 합니다. 마귀는 끊임없이 속입니다.

'너는 죄인이야. 죽어야 해.'

강하고 담대하게 마귀를 꾸짖으며 대적하십시오.
이렇게 중얼거리며 말하십시오.

"나는 의인이다. 예수를 믿음으로 죄를 사함 받았다."
"나는 환경과 사람을 보지 않는다. 나는 평화롭다."
"나는 가난하지 않다. 나는 부요한 사람이다."
"나는 아프지 않다. 다 나았다. 건강하다."

사람의 말이 아닌 하나님의 말씀을 붙드십시오. 말씀이 없으면 믿음의 근거가 없습니다. 믿음이 없으면 하나님을 기쁘시게 할 수 없고 기도 응답도 받을 수 없습니다.

현상이 아닌 말씀을 따라 사십시오.

성령님, 생명만 떠오르게 해 주세요

일곱째, 그리스도 안에서 생명을 얻게 됩니다.

우리는 전에 허물과 죄로 죽었던 사람입니다. 그런 불쌍한 영혼을 하나님이 살리셨고 새 생명, 큰 생명, 영원한 생명을 주셨습니다. 그러므로 생명만 생각해야 합니다.

'나는 생명을 가졌다.'

요한복음 6장 47절에 "진실로 진실로 너희에게 이르노니 믿는 자는 영생을 가졌나니"라고 했습니다. 영생은 죽어서 천국에 가면 얻는 것이 아닙니다. 예수를 구주로 믿는 순간 즉시 가지게 됩니다. 당신이 그리스도 안에 있습니까? 그렇다면 이미 영생을 가졌습니다.

영생을 가진 사람은 죽음을 생각하면 안 됩니다.

마귀는 자꾸 죽음을 떠올립니다.

'너는 어차피 죽을 거야. 자살해.'

마귀를 대적해야 합니다. 하나님의 자녀는 절대로 자살하면 안 됩니다. 예수님이 그 사람 안에 살아 계십니다.

사람이 믿음이 떨어지면 좌절하고 낙심하게 됩니다.

하나님의 믿음이 가득하면 살아갈 용기가 생깁니다.

마귀의 종이 되지 말고 하나님의 종이 되십시오.

망한다, 죽는다, 안 된다, 그런 생각을 하지 마십시오.

당신의 영혼이 잘됨 같이 범사가 잘되고 강건하게 사는 것이 하나님의 뜻입니다. 믿음의 생각만 하십시오.

‘성공한다. 장수한다. 내가 하는 모든 일이 잘된다.’

하나님 앞에서 믿음으로 사십시오. 당신에게는 하나님의 자녀의 권세가 있습니다. 이렇게 생각하십시오.

‘나는 하나님의 자녀야. 그러므로 나는 평생 하나님께 예배하면서 믿음으로 산다. 지금 겪는 환난과 시련은 잠깐 있다 지나가는 거야. 나는 그리스도 안에서 반드시 성공하고 승리한다. 나는 의인이다. 성령 충만하다. 내 안에 생수의 강물이 흐르고 있다. 나는 건강하다. 나는 지혜롭다. 나는 부요하다. 나는 평화를 가졌다. 나는 생명을 가졌다.’

마귀에게 당신의 생각과 말을 빼앗기지 말고 성령님께 이렇게 말씀 드리며 순간마다 도움을 구하십시오.

“성령님, 부정적인 생각이 떠오르지 않게 해 주세요. 믿음의 생각만 떠오르게 해 주세요.”

믿음은 바라는 것들의 실상입니다. 지금 바라고 있는 것이 무엇입니까? 그것이 이루어졌다고 믿으십시오. 그러면 하나님의 초자연적인 능력이 나타나 그대로 됩니다.

인생은 믿음으로 시작해서 믿음으로 살고 믿음으로 끝나는 것입니다. 절대로 의심하지 말고 끝까지 믿으세요.

믿음으로 마귀와 세상을 이기고 믿음으로 환경과 문제를 이기십시오. 하늘과 땅의 모든 권세를 가지신 예수님이 당신 안에 계십니다. 그분은 사망 권세를 이기고 부활하신 분입니다. 그분이 세상 끝 날까지 당신과 함께 계시겠다고 약속하셨습니다. 당신은 승리했고 성공했습니다.

당신을 억만 번이나 축복합니다.

믿음의 생각만 하라. 제 7 부 – 김향숙

받았다는 생각만 떠올리라

당신은 기도한 후에 무엇을 떠올립니까?

나는 기도하고 구한 것을 시간과 공간을 초월해 성령 안에서 이미 다 받았다고 믿고 그것만 떠올립니다.

예수님이 말씀하셨습니다. "그러므로 내가 너희에게 말하노니 무엇이든지 기도하고 구하는 것은 받은 줄로 믿으라. 그리하면 너희에게 그대로 되리라."(막 11:24)

모든 기도에 응답 받는 비결

하나님 앞에서 모든 기도에 응답 받는 비결이 바로 여기에 있는데, 오직 믿음으로만 받습니다. 기도해 놓고 믿지 않으면 받을 수 없습니다. 사람들은 많이 울고 금식하면 기도 응답이 올 거라고 생각합니다. 자기의 땀과 피와 눈물로 하나님을 감동시켜 응답을 받으려는 것입니다.

하지만 우리의 생각과 하나님의 생각은 다릅니다.

하나님의 생각은 '믿음의 생각' 입니다.

기도하고 구하는 것을 받았다고 믿어야 합니다.

당신이 사모하는 것이 무엇입니까? 방언, 지혜의 말씀 등 성령의 은사도 기도하고 구했으면 받았다고 믿어야 합니다. 그럴 때 그것이 어느 날부터 나타나기 시작합니다.

하나님은 믿음의 하나님이시고 예수님도 믿음의 주요 또 그 믿음을 온전케 하시는 분이십니다. 성령님도 믿음과 함께 일하십니다. 믿음이 없이는 하나님을 기쁘시게 할 수 없습니다. 믿음이 없이는 기도 응답도 없습니다. 예수님은 다른 것을 칭찬하지 않고 믿음을 칭찬하셨습니다.

"네 믿음이 크도다."

"네 믿은 대로 되라."

"이만한 믿음을 만나 보지 못했다."

"네 믿음이 너를 구원하였다."

하나님은 당신의 믿음에만 응답하십니다.

방언을 받고 싶습니까? 이렇게 기도하십시오.

"하나님, 방언을 주심을 감사합니다. 성령과 은혜 주심을 감사합니다. 믿음 주심을 감사합니다."

그렇게 기도한 후에 당신의 혀를 맡기십시오. 믿음으로 방언을 말하기 시작하십시오. 그러면 방언이 흘러나올 것입니다. "그들이 말하기를 시작하니라"고 했습니다.

성령님은 말하게 하셨고 말하기 시작한 것은 '그들'이었습니다. 방언은 당신이 말하기 시작해야 합니다.

나는 그렇게 믿음으로 방언을 말합니다.

"올레이 쉘레레이. 룰라 쉐쉐레이. 저희가 내 이름으로 귀신을 쫓아내며, 너는 강하고 담대할지니라."

이렇게 방언을 말하다 보면 통역도 나옵니다.

"통역하기를 사모하라"고 했습니다. "통역 받기를 사모하라"고 하지 않았습니다. 그리고 명령해야 합니다.

"나사렛 예수 이름으로 귀신은 떠나가라."

그렇게 방언으로 기도하면 성령님이 믿음을 더해 주십니다. 당신도 예수 이름으로 마귀를 대적하면서 방언을 말하십시오. 그러면 당신의 영이 강해질 것입니다.

이것은 믿음으로 물 위를 걷는 것과 같습니다.

예수님만 바라보고 물 위를 계속 걸었던 베드로처럼 믿

음으로 방언을 말해야 합니다. 그리고 "방언을 주셔서 감사합니다"라고 기도하면 당신의 입에서 방언이 계속 나올 겁니다. 또한 몸에 손을 얹고 이렇게 명령을 내리십시오.

"내 몸에서 모든 병은 나사렛 예수 이름으로 떠나가라."

이렇게 기도하며 믿음의 생각과 말만 하십시오.

'하나님, 감사합니다. 제 모든 병과 연약함이 다 나았습니다. 저는 그리스도 안에서 건강한 사람입니다.'

재정에 대해서도 믿음의 생각만 하십시오.

'나는 부요한 사람이 되었습니다.'

이런 생각은 모두 믿음에서 나오는 것입니다.

방언으로 기도하면 믿음의 은사가 나타납니다.

모든 것이 믿음입니다. 주님께서 말씀하십니다.

"네 믿은 대로 될지어다."(마 8:13)

그렇습니다. 당신의 믿음대로 생각대로 됩니다.

성령님은 당신에게 믿음을 주십니다.

무엇보다 믿음이 가장 중요합니다. 방언을 받고도 믿음으로 계속 혀를 맡기고 방언을 말해야 합니다. 믿음으로 귀신을 쫓아내고 병든 자에게 손을 얹어야 합니다.

병든 자를 치료하는 것도 오직 믿음의 기도를 통해 가능하다고 야고보서 5장 15절에 말씀합니다. "믿음의 기도는 병든 자를 구원하리니 주께서 그를 일으키시리라. 혹시 죄를 범하였을지라도 사하심을 받으리라."

가난한 사람이 부요해지는 것도 믿음으로 가능합니다.

하나님께는 '믿음의 법'이 있습니다. 사람들은 '행위의 법'을 내세웁니다. '뭐라도 더 많이 해야 된다'는 생각에 잡혀 자신의 땀과 피와 눈물을 더 많이 흘리려고 합니다.

하나님의 생각은 우리의 생각과 다릅니다.

우리의 생각에서 빠져나와야 합니다. 거기에서 빠져나오지 못하고 자기 생각에 갇혀 있으면 하나님께 복을 받을 수 없습니다. 자기 생각 안에서만 놀면 안 됩니다.

크신 하나님과 동업하며 크게 생각해야 합니다.

죄 사함 받고 구원받는 것도 그냥 믿기만 하면 됩니다. 예수를 믿음으로 죄 사함을 받고 구원을 얻습니다.

이것이 진리이며, 진리가 우리를 자유케 합니다.

기름 부으심도 그렇습니다. 믿음으로 계속 받습니다.

성령님의 기름 부으심이 우리 안에 가득합니다.

그 기름 부으심이 어떻게 나타날까요?

행위가 아닌 믿음으로입니다.

예수님이 우리 안에 계시기 때문에 우리가 믿음의 생각과 말을 할 때 기름 부으심이 나타나는 것입니다.

기름 부으심이 나타나면 우리의 믿음이 강해집니다.

부정적인 생각을 버리고 이렇게 생각하십시오.

'예수를 믿기만 하면 죄 사함 받고 의로워진다.'

'예수님이 우리 대신 피 흘리고 값을 다 지불하셨다. 그리고 성령을 보내 주셨다. 성령님이 내 안에 계신다.'

성령님은 인격자이십니다. 성령님은 하나님의 인격입니다. 성령님을 통해 하나님의 인격과 내 인격이 늘 교통하게 되는 것입니다. 성령님은 예수의 영입니다.

이렇게 생각하십시오.

'예수님이 내 안에 계시고 예수님의 믿음이 내 안에 충만하다. 하나님의 말씀과 지혜가 내 안에 가득하다.'

그렇게 믿음의 생각을 할 때 성령님의 기름 부으심이 계속 흐르게 됩니다. 그리고 그 기름 부으심이 다른 사람에게도 흘러갑니다. 그럴 때 그들의 인생이 변화됩니다.

예수님이 십자가에서 다 이룬 복음을 믿으십시오.

그 믿음을 붙잡고 이렇게 생각하십시오.

'예수님이 십자가에서 다 이루었다. 지금 내 형편이 좀 힘들지만 그것은 허상이다. 나는 현상을 따라 살지 않고 믿음으로 산다. 이미 내 인생의 모든 문제가 십자가에서

해결되었다. 나는 크게 생각하고 크게 믿는다.'

강하고 담대한 믿음으로 행하십시오.

안된다고 말하지 말고 된다고 말하십시오. 작은 생각을 버리고 하나님의 큰 생각을 가지십시오. 문제를 바라보지 말고 문제의 주인이신 하나님을 바라보십시오. 문제를 바라보면 아무것도 할 수 없습니다. 오늘도 예수님은 변함없이 일하고 계십니다. 그분은 지금도 살아 계십니다.

히브리서 13장 8절에 말씀합니다. "예수 그리스도는 어제나 오늘이나 영원토록 동일하시니라."

예수님은 당신이 못 하는 것을 다 하게 하십니다.

예수님은 당신의 모든 기도를 듣고 응답하십니다.

요한복음 14장 13절에 "너희가 내 이름으로 무엇을 구하든지 내가 행하리니"라고 했기 때문입니다.

어떤 일이 있어도 염려 근심하지 말고 더 많이 기도하고 감사하며 하나님을 바라보십시오.

앞을 가로 막는 것이 있어도 믿음의 생각과 믿음의 고백만 하십시오. 자나 깨나 이렇게 생각하십시오.

'나는 잘되고 있습니다. 다 잘되었습니다. 하나님의 뜻 안에서 나는 날마다 성공하고 있습니다. 감사합니다.'

믿음이 아니면 생각하지 말고 부정적인 생각과 작은 생각은 주저하지 말고 쓰레기통에 다 버리십시오.

아무리 신앙생활을 오래 해도 당신의 생각이 바뀌지 않으면 하나님께 복을 받을 수 없습니다. 예수님은 부정적인 사람들의 생각을 먼저 바꾸고 기적을 행하셨습니다.

마가복음 9장 23절을 보십시오.

"예수께서 이르시되 '할 수 있거든이 무슨 말이냐? 믿는 자에게는 능히 하지 못할 일이 없느니라' 하시니라."

당신의 생각이 율법주의에 갇혀 있지 않습니까?

그 생각에 갇혀서 못 나오는 사람이 많습니다.

이렇게 명령을 내리십시오.

"나사렛 예수 이름으로 율법주의 생각은 사라져라."

하나님은 말씀하십니다.

"내 생각은 네 생각과 다르다."

하나님은 당신에게 평안을 주기 원하시는데 당신은 저주를 생각하지 않습니까? 생각을 바꾸십시오.

"여호와의 말씀이니라. 너희를 향한 나의 생각을 내가 아나니 평안이요 재앙이 아니니라. 너희에게 미래와 희망을 주는 것이니라."(렘 29:11)

하나님은 생각을 먼저 바꾸라고 말씀하십니다.

"너희는 여호와를 만날 만한 때에 찾으라. 가까이 계실 때에 그를 부르라. 악인은 그의 길을, 불의한 자는 그의 생각을 버리고 여호와께로 돌아오라. 그리하면 그가 긍휼히 여기시리라. 우리 하나님께로 돌아오라. 그가 너그럽게 용서하시리라. 이는 내 생각이 너희의 생각과 다르며 내 길은 너희의 길과 다름이니라. 여호와의 말씀이니라. 이는 하늘이 땅보다 높음 같이 내 길은 너희의 길보다 높으며 내 생각은 너희의 생각보다 높음이니라."(사 55:6~9)

하나님의 생각은 하나님의 뜻입니다. 내 뜻을 버리고 하나님의 뜻을 받아들이고 순종하고 믿어야 합니다.

그럴 때 하나님의 능력과 은혜가 나타나고 하나님의 뜻이 하늘에서 이룬 것 같이 땅에서도 이루어집니다.

하나님은 우리에게 복을 주기 위해 그 아들을 보내셨고 예수님은 우리를 대신하여 십자가에서 죽으셨습니다.

예수님은 죄만 위해 죽으신 것이 아니라 우리의 모든 저주도 다 짊어지셨다고 갈라디아서 3장 13절에 말씀합니다. "그리스도께서 우리를 위하여 저주를 받은 바 되사 율법의 저주에서 우리를 속량하셨으니 기록된 바 나무에 달린 자마다 저주 아래에 있는 자라 하였음이라."

왜 주님께서 우리의 저주를 담당하셨을까요?

우리를 주님처럼 지혜롭고 행복하게, 건강하고 부요하게 살도록 하기 위함입니다. 지혜가 부족합니까? 지혜를 구하십시오. 그러면 후하게 주십니다. “너희 중에 누구든지 지혜가 부족하거든 모든 사람에게 후히 주시고 꾸짖지 아니하시는 하나님께 구하라. 그리하면 주시리라. 오직 믿음으로 구하고 조금도 의심하지 말라.”(약 1:5~6)

구했으면 받았다고 믿고 생각을 바꾸어 나가십시오.

그렇지 않으면 늘 저주의 생각과 부정적인 고정관념에 잡혀 불행하게 살수 밖에 없습니다. 성경은 말씀합니다.

“네 생각대로 된다. 네 믿은 대로 될지어다.”

예수님이 십자가에서 다 이루고 보혜사 성령님을 보내주셨습니다. 성령님은 예수의 영이시므로 성령님이 함께 계신다는 것은 곧 예수님이 함께 계신다는 것입니다.

성령님과 인격적으로 교통하며 믿음으로 사십시오.

“오직 의인이 믿음으로 살리라”고 했습니다. 부정적인 생각, 의심의 생각을 버리고 오직 믿음으로 사십시오.

날마다 성령님께 도움을 구하십시오.

“성령님, 도와주세요.”

믿음의 생각만 하라. 제 8 부 – 김향숙

마귀가 주는 생각은 떠올리지 마라

당신은 마귀가 주는 생각을 떠올리지 않습니까?

마귀는 끊임없이 '생각의 씨앗'을 뿌립니다. 요한복음 13장 2절을 보면 "마귀가 벌써 시몬의 아들 가룟 유다의 마음에 예수를 팔려는 생각을 넣었더라"고 했습니다.

우리에게도 마귀는 가만있지 않고 부정적인 생각의 씨앗을 뿌리며 공격합니다. 그런 생각을 받아들이지 말고 믿음의 방패로 막고 성령의 검을 휘두르며 대적해야 합니다.

바울은 고린도 교회에 말했습니다.

"그 중에 이 세상의 신이 믿지 아니하는 자들의 마음을 혼미하게 하여 그리스도의 영광의 복음의 광채가 비치지 못하게 함이니 그리스도는 하나님의 형상이니라. 우리는 우리를 전파하는 것이 아니라 오직 그리스도 예수의 주 되신 것과 또 예수를 위하여 우리가 너희의 종 된 것을 전파함이라. 어두운 데에 빛이 비치라 말씀하셨던 그 하나님께서 예수 그리스도의 얼굴에 있는 하나님의 영광을 아는 빛을 우리 마음에 비추셨느니라."(고후 4:4~6)

여기서 깨달음을 얻어야 합니다. 무엇일까요?

이 세상 신이 있다는 사실을 기억하라

첫째, "이 세상 신이 있다"(고후 4:4)고 했습니다.

사람들이 예수를 구주로 믿지 않는 것은 이 세상 신이 방해하기 때문입니다. 어떤 사람들은 말합니다.

"요즘 마귀가 어디 있어? 귀신도 없어."

우주선을 띄우고 달나라에 가는 세상에 그런 것이 어디 있냐는 것입니다. 그것은 사람들의 생각입니다. 하나님의 말씀은 다르게 말합니다. 이 세상 신이 있다고 합니다.

"이 세상의 신이 믿지 아니하는 자들의 마음을 혼미하게 하여 그리스도의 영광의 복음의 광채가 비치지 못하게 함이니"라고 했습니다. 이 세상 신은 마귀입니다.

마귀가 하는 일이 무엇입니까? 사람들이 하나님의 은혜의 복음을 듣지 못하게 하는 것입니다. 성령님이 하시는 일이 무엇입니까? 하나님의 은혜의 복음을 듣고 믿게 하는 것입니다. 성령님은 이 일을 가장 중대한 일로 여기십니다. 이 일을 위해 성령님이 이 땅에 오셨습니다.

예수님이 말씀하셨습니다. "오직 성령이 너희에게 임하시면 너희가 권능을 받고 예루살렘과 온 유대와 사마리아와 땅 끝까지 이르러 내 증인이 되리라."(행 1:8)

대학교 앞에서 떡볶이를 팔아 평생 번 돈 10억을 대학교에 기부하는 것도 착한 일입니다. 하지만 대학교에서는 잡다한 것을 가르치며 모두 영혼과 상관없는 일입니다.

가장 잘하는 것은 복음을 전하는 것입니다.

복음을 전하는 것은 대학교에 10억을 기부하는 것보다 귀한 일입니다. '나는 많은 돈을 벌어서 다 기부할 거야. 기부 왕이 될 거야.' 그것도 좋은 생각이지만 그보다 억만 배나 귀한 것이 복음을 전하는 것입니다. 잡다한 일에 마음을 빼앗기지 말고 한 가지 일에 집중하십시오.

주님께서 당신에게 말씀하십니다.

"모든 사람에게 모든 때에 모든 방법으로 복음을 전하라. 세상에 귀한 일이 많지만 이것이 가장 귀한 일이다."

그래서 나는 이렇게 책을 써내고 있습니다.

복음이 담긴 책을 출간해서 사람들에게 선물로 주는 것은 대학교에 10억을 기부하는 것보다 귀한 일입니다.

실제로 그렇게 생각하는 사람이 많지 않습니다.

어떤 이는 말합니다. “나는 선물 중에 책이 가장 싫어. 차라리 빵이나 돈, 옷이나 차를 내게 주면 좋겠어.”

복음이 담긴 책의 가치를 몰라서 그런 것입니다.

책 중에서도 온전한 복음이 담긴 책이 가장 귀합니다.

나는 내 책에서 잡다한 세상 이야기를 하지 않습니다.

오직 ‘예수님 이야기’만 합니다. 예수님은 사람이 아닙니다. 하나님입니다. 예수님은 하나님의 형상입니다.

신약에서는 제자들과 무리가 예수님을 보았을 때 그것은 곧 하나님을 본 것과 같았습니다. 누구든지 하나님의 아들 예수를 믿으면 구원받고 믿지 않으면 지옥에 갑니다.

예수를 믿고 마음에 모셔야 구원 받고 천국에 가며 이 땅에서도 하는 모든 일에 하나님의 은혜가 있습니다.

그런 사람은 영적 싸움에서 승리합니다.

주의 종이 있다는 사실을 기억하라

둘째, "주의 종이 있다"는 사실을 기억해야 합니다.

바울은 말했습니다. "우리는 우리를 전파하는 것이 아니라 오직 그리스도 예수의 주 되신 것과 또 예수를 위하여 우리가 너희의 종 된 것을 전파함이라."(고후 4:5)

바울은 자신이 잘난 것과 세상 지식을 전하지 않는다고 했습니다. 오직 예수님의 주 되심 곧 예수님이 하나님이 되심을 전한다고 했고 그 예수님이 십자가에서 피와 물을 쏟으시며 죽으시고 부활하신 것을 전한다고 했습니다.

"예수님이 십자가에서 우리의 모든 죄를 가져가셨다."

하나님이 세상을 사랑하셔서 독생자 예수 그리스도를 보내셨고 그로 말미암아 이 땅을 구원하기로 하셨습니다.

예수님이 십자가에서 죽으시고 부활하셨습니다. 그리고 예수 그리스도를 죽음 가운데서 일으키신 부활의 영, 성령님이 이 땅에 오셨습니다. 우리는 성령으로 거듭나 하나님의 자녀가 되었습니다. 하나님의 자녀는 어떤 존재일까요? 새로운 피조물로 일곱 가지 특성을 가집니다.

의인이 되었습니다.

성령 충만한 자가 되었습니다.

건강한 자가 되었습니다.

부요한 자가 되었습니다.

지혜로운 자가 되었습니다.

평화를 가진 자가 되었습니다.

생명을 가진 자가 되었습니다.

이것을 '온전한 복음'이라고 합니다.

예수님이 당신의 죄와 목마름, 병과 가난, 어리석음과 징계와 죽음을 다 담당하시고 십자가에서 피와 물을 쏟으며 죽으셨습니다. 그분은 사흘 만에 살아나셨습니다.

예수님이 주님 곧 하나님이신 것을 고백해야 합니다.

바울은 "나는 예수를 위해 너희의 종이 되었다"고 했습니다. 이것이 무슨 뜻입니까? 예수님의 은혜에 너무 감사해서 주의 종이 되었다는 말이며, 사람의 종이 아닙니다.

"너희의 종이 되었다고 했으니 우리의 종이 아닌가요? 그러니 우리가 하자는 대로 다 해야 하는 게 아닌가요? 우리를 위해 요리도 하고 설거지도 하고 차량 운행도 하고요. 우리가 부르면 벌떡 일어나 심부름하며 섬겨야죠."

그렇지 않습니다. "너희의 종이 되었다"는 말은 잡다한 것을 시중드는 종이 아닌 "복음을 전파하는 종이 되었다"는 말입니다. 바울은 분명히 "예수를 위하여 너희의 종이 되었다"고 했습니다. "너희를 위하여"가 아닙니다.

주의 종은 잡다한 일을 하는 사람이 아닙니다.

주의 종은 성도를 위하여 복음을 전하는 사람입니다.

주님은 "너희는 온 천하에 다니며 만민에게 복음을 전파하라"고 했습니다. 또한 "모든 족속으로 제자를 삼고 내가 너희에게 분부한 모든 것을 가르치라"고 했습니다.

"서로 사랑하라고 했잖아요?"

그것도 오해하는 사람이 많습니다. 사람이 친구를 위해 목숨을 버리는 것이 가장 큰 사랑이라고 했는데, 그것은 예수님의 십자가 죽음의 사건을 가리키는 것입니다.

예수님은 제자들에게 "아버지가 나를 사랑한 것처럼 나도 너희를 사랑한다. 너희도 그렇게 서로 사랑하라"고 하셨습니다. 아버지가 어떻게 사랑하셨습니까?

"아버지가 나를 사랑하여 내게 모든 것을 알려 주셨다"고 했습니다.(요 15:9~15) "이처럼 내가 너희에게 알려 준 복음을 목숨 걸고 전파하라"는 것입니다.

예수님은 복음 전도에 대한 것을 말씀하셨지 결코 잡다한 것을 나누므로 사람의 종이 되라고 하지 않았습니다.

사람들은 뭔가를 주면 계속 더 달라고 떼씁니다.

"너희는 가르치는 자와 모든 좋은 것을 나누라"는 말씀이 바로 그런 뜻입니다. 옷이나 신발, 김치나 된장을 나누라는 말이 아닙니다. 복음의 삶을 나누라는 것입니다.

바울은 고린도 교회에 분명히 말했습니다.

"죄인 중에 괴수였던 내가 하나님의 사랑으로 말미암아 구원을 받았다. 그리고 예수님을 위하여 너희의 종이 되었다. 나는 하나님을 기쁘시게 하는 주의 종이다."

예수님 때문에 너희의 종이 되었다는 것입니다.

이 사실을 잊지 말고 꼭 기억하기 바랍니다.

"나는 너희에게 예수님을 전하는 종이다."

예수님을 모신 주의 종은 그 배에서 생수의 강물이 흐릅니다. 그 생수의 강물은 곧 성령님의 기름 부으심이며, 우리는 기름 부으심을 따라 무시로 늘 기도해야 합니다.

바울은 "무시로 성령 안에서 늘 기도하라"고 했습니다.

기도를 통해 세상의 생각, 육신의 생각, 마귀의 생각을 다스리며, 오직 성령의 생각만 받아들여야 합니다.

세상에서 사업하다 보면 각종 염려와 근심이 밀려옵니다. 그런 중에서도 늘 깨어 기도하며 믿음을 지켜야 합니다. 주님께서는 염려하지 말라고 말씀하셨습니다.

"내일 일은 내일이 염려할 것이다. 염려하지 마라."

염려에 빠지지 말고 말씀에 빠지십시오. 사람에 빠지지 말고 성령님께 빠지십시오. 마음에 염려와 근심이 생기면 예수 이름으로 꾸짖으며 떠나가라고 명령하십시오.

"예수 이름으로 명하노니 모든 염려는 떠나가라."

그리고 자신이 누군지 다시 확인하십시오.

"나는 새로운 피조물이다. 나는 왕 같은 제사장이다."

새로운 피조물로서의 믿음을 굳게 지키십시오.

당신은 어두움이 아닌 빛입니다. 빛이신 예수님이 당신 안에 실제로 살아 계시기 때문입니다. 성령님도 빛의 영이십니다. 성령님은 당신을 빛 가운데로 이끄십니다.

당신은 오직 성령님께 순종해야 합니다.

세상에는 미혹의 영들이 있습니다. 그들이 당신의 마음을 미혹합니다. 나사렛 예수 이름으로 묶으십시오.

"나사렛 예수 이름으로 명하노니 악한 영은 묶음을 받으라. 다 떠나가라. 다시는 오지 마라."

예수 그리스도의 얼굴에 영광이 있다

셋째, "예수 그리스도의 얼굴이 있다"고 했습니다.

"그 하나님께서 예수 그리스도의 얼굴에 있는 하나님의 영광을 아는 빛을 우리 마음에 비추셨느니라."(고후 4:6)

예수 그리스도의 얼굴에 있는 하나님의 영광은 어떤 것일까요? 의와 평강과 희락입니다. 죄와 형벌과 슬픔이 아닙니다. 예수님은 "하나님의 나라가 임했다"고 하시며 성령님을 통해 이 땅에 임한 하나님의 나라를 선포하셨습니다. 그리고 귀신을 쫓아내고 병든 자를 고치셨습니다.

당신은 하나님의 형상을 따라 지음 받았습니다. 하나님의 형상을 가진 다른 사람들을 판단하고 정죄하는 자가 아니라 그들을 위해 기도하고 축복하는 자입니다.

주님께서 당신에게 말씀하십니다.

'다른 사람이 망하기를 바라지 말고 축복하라. 원수도 축복하라. 인간의 생각이 아닌 하나님의 생각으로 살라.'

당신은 믿음의 사람이고 복의 근원입니다. 그러므로 다른 사람을 위해 기도하고 그들을 사랑해야 합니다. 예수님의 종으로 다른 사람에게 복음을 전하고 가르쳐야 합니다.

자아의 생각을 죽이고 하나님의 생각을 가지십시오. 그러기 위해 방언으로 많이 기도하십시오. 방언은 '영의 기도'이기 때문에 영을 강하게 하고 영을 따라 살게 합니다.

그리고 하나님의 말씀을 붙들고 온유한 마음으로 가정과 회사를 잘 다스리십시오. 온유한 마음으로 일하지 않고 자아가 독을 뿜으면서 일하면 덕을 끼치지 못합니다.

온유한 마음을 달라고 성령님께 도움을 구하십시오.

"성령님, 저에게 온유한 마음을 주세요. 제가 온유한 마음으로 가정과 회사를 잘 다스리며 이끌게 해 주세요."

당신은 온유한 주의 종입니다.

믿음의 생각만 하라. 제 9 부 – 김향숙

150억 개의 뇌세포를 가동시켜라

당신은 예수 이름을 많이 사용하고 있습니까?

나는 예수 이름을 많이 사용하고 많이 가르칩니다.

예수님은 '그 이름'과 함께 모든 것을 제자들에게 위임하셨습니다. "예수께서 나아와 말씀하여 이르시되, 하늘과 땅의 모든 권세를 내게 주셨으니"(마 28:18)라고 했습니다. 그리고 말씀하길 "너희는 가라"고 하셨습니다.

예수 이름으로 가서 담대히 복음을 전하며 모든 족속으로 제자를 삼으라는 것입니다. 하늘과 땅의 모든 권세를 누가 갖고 계십니까? 예수님이 갖고 계십니다. 그런데 누구에게 "가라"고 명령하셨습니까? 제자들입니다.

예수님이 간다고 하지 않고 제자들에게 "가라"고 하신 것입니다. 그러면 예수님이 "함께 하겠다"고 하셨습니다.

우리가 예수님과 함께 사역하려면 기도를 많이 해야 합니다. 예수님도 이 땅에 계실 때에 아버지와 함께 사역하기 위해 기도를 많이 하셨습니다. 그분은 새벽 미명에 기도하셨고 낮에도 기도하셨고 밤에도 기도하셨습니다.

예수님은 먼저 기도하시고 그 후에 나가 마귀에게 눌린 자를 고치며 전도하셨습니다. 우리도 기도를 많이 해야 합니다. 예수님은 이 땅에 영혼을 구원하러 오셨습니다.

그분은 33년간 이 땅에서 사역하신 후에 죽은 지 사흘 만에 부활하셨고 그 후에 하늘로 올라가셨습니다. 지금은 이 땅에 계시지 않고 모든 일을 끝내고 하늘 보좌에 앉아 계십니다. 그런 분이 제자들에게 뭐라고 하셨습니까?

"너희는 가라."(마 28:19)

예수님이 이 땅에 없는데 제자들이 어떻게 갑니까?

"다른 보혜사 성령을 보내겠다"고 하시며, 예수님은 자신의 일을 성령 받은 제자들에게 모두 위임하셨습니다.

"성령의 힘으로 말씀을 깨닫고 권능을 행하라. 내가 한 일을 너희도 하고 그보다 더 큰 일도 하라."

우리는 주 예수 그리스도를 의지하며 담대히 사역해야

합니다. 예수 이름을 사용하며 능력을 행해야 합니다.

마귀는 우리가 예수 이름을 사용하지 못하고 말하지 못하게 생각을 누릅니다. 우리가 예수 이름을 말하면 모든 묶인 것이 풀리기 때문입니다. 머리끝에서 발끝까지 세포 하나까지 예수 이름으로 정상이 되라고 명령하십시오.

성령으로 기도하십시오. 강하고 담대하십시오.

주님께서 당신에게 말씀하십니다.

"나사렛 예수 이름으로 명령하라. 그 이름을 하루만 사용하지 말고 천국 가는 그날까지 매일 사용하라."

예수 이름이라는 무기를 주셨는데 왜 가만 두고 사용하지 않습니까? 예수 이름을 많이 사용해야 합니다.

예수님이 십자가에서 물과 피를 쏟으시며 당신의 모든 죄와 저주를 다 담당하셨고 "다 이루었다"고 하셨습니다.

예수님은 당신의 죄와 목마름, 병과 가난, 어리석음과 징계와 죽음을 다 해결하셨습니다. 그리고 예수를 구주로 믿는 당신에게 의와 성령 충만, 건강과 부요, 지혜와 평화와 생명을 주셨습니다. 그리고 예수 이름을 주셨습니다.

그분은 당신에게 예수 이름을 사용하라고 하십니다.

"예수 이름을 사용해서 죄와 목마름, 병과 가난, 어리석음과 징계와 죽음을 몰아내라. 예수 이름을 사용해서 의와 성령 충만, 건강과 부요, 지혜와 평화와 생명을 누려라."

당신은 왜 예수 이름을 사용하지 않습니까?

마귀와 육신의 생각 때문입니다. 마귀와 육신의 생각은 예수 이름을 사용하는 것을 싫어합니다. 하지만 성령님과 영의 생각은 예수 이름을 사용하기를 간절히 원합니다.

예수 이름을 사용하려면 늘 성령 충만해야 합니다.

세상 술을 마시지 말고 성령의 술에 취하십시오.

사람들을 만나 먹고 마시는 일에 시간을 보내지 말고 기도하고 더 많이 기도하십시오. 예수님이 말씀하십니다.

"누구든지 목마르거든 내게로 와서 마시라. 나를 믿는 자는 성경에 이름과 같이 그 배에서 생수의 강이 흘러 나리라." 당신이 예수를 믿고 있다면 지금 당신의 배에서 생수의 강이 흘러 나고 있다는 사실을 알고 믿어야 합니다.

나는 생수의 강을 따라 방언으로 기도합니다.

"샤올라 스카이렐레 샤올라 스카이 올레."

방언은 영의 기도입니다. 마음으로 하는 기도나 몸으로 하는 기도도 귀하지만 영으로 하는 기도는 더 귀합니다.

방언은 성령의 나타남입니다. 이 얼마나 귀합니까?

방언을 말하면 하나님이 나와 함께 계신다는 것이 생생히 느껴집니다. 방언으로 기도하면 당신의 영이 성령의 기름 부으심으로 충만해지고 마음도 아주 상쾌해집니다.

잡다한 것에 마음을 빼기지 말고 오직 하나님의 말씀과

기도로 시간을 보내십시오. 그러면 영혼의 갈증이 해소됩니다. 하나님은 예수를 구주로 믿는 당신에게 성령을 부어 주셨습니다. 성령님께 자신을 맡기고 항복하십시오.

육신의 사람들을 만나려는 생각을 떠올리지 말고 이렇게 말씀드리며 성령님께 도움을 구하십시오.

"성령님, 제 마음속에 육신의 사람들을 만나고 싶다는 생각이 떠오르지 않게 해 주세요. 그들과 함께 자리에 앉아 먹고 마시려는 생각이 떠오르지 않게 해 주세요."

그러면 성령님이 그렇게 되도록 도우십니다.

복음을 전하는 것 외에는 육신의 사람들을 만나겠다는 계획을 세우지 말아야 합니다. 왜 이 사람 저 사람 자꾸 만납니까? 무엇이 그렇게 목마르고 굶주립니까?

시편에 "복 있는 사람은 오만한 자의 자리에 앉지 않는다"고 했습니다. 복 있는 사람은 조용히 혼자 앉아 기도하고 말씀을 묵상합니다. 이것이 복 있는 생각입니다.

"성령님, 복 있는 생각만 떠오르게 해 주세요."

술과 담배, 마약, 노래방을 멀리 하십시오. 그런 것으로 스트레스를 풀려고 하지 말고 성령 안에서 기도와 말씀으로 푸십시오. 기도와 말씀이 없으면 마음이 곤고하고 허전해지고 육신을 따라 살며 낙심하고 좌절합니다.

예수님이 영으로 와서 당신 안에 실제로 거하십니다.

영으로 기도를 많이 하십시오. 이것이 큰 특권입니다.

예수님이 당신의 모든 저주를 가져갔습니다. 당신은 이미 그리스도 안에서 복을 받은 부요한 사람입니다.

당신은 하나님의 자녀입니다. 하나님의 자녀의 권세로 거룩한 삶을 살며 이런 믿음의 생각만 해야 합니다.

'나는 의인이다. 나는 성령 충만하다. 나는 지혜가 가득하다. 예수님이 채찍에 맞음으로 나는 나음을 얻었다. 내 몸과 마음은 건강하다. 예수님이 내 대신 가난하게 되셨다. 나는 그리스도 안에서 부요한 사람이다. 나는 모든 것에 모든 것이 넉넉하여 모든 착한 일을 넘치게 하는 사람이다. 예수님이 내 대신 징계와 죽음을 담당하셨으므로 나는 평화를 누리고 영원한 생명을 가졌다. 나는 행복한 사람이다. 복을 받은 사람이다. 나는 하는 일마다 잘된다.'

방언 곧 영으로 기도를 많이 하기 바랍니다.

방언으로 기도하면 어떤 일이 일어날까요?

영과 혀와 뇌와 몸이 다 연결되어 있기 때문에 날이 갈수록 지혜롭고 총명해지고 건강해지고 부요해집니다. 영안이 열려 성경 말씀이 잘 깨달아지고 정신도 맑아집니다.

영적인 사람이 되어야 영혼을 살릴 수 있습니다. 영으

로 기도하므로 내 영혼이 먼저 살아나고 기뻐해야 밖에 나가서 밝은 빛과 강한 에너지를 발산할 수 있습니다.

사람의 머릿속에는 150억 개의 뇌세포가 있습니다.

당신이 영으로 기도를 많이 하면 뇌세포에 기름을 친 것처럼 활성화됩니다. 바울은 영으로 기도를 많이 했습니다. 그는 말하길 "내가 너희 모든 사람보다 방언을 더 말하므로 하나님께 감사한다"(고전 14:18)고 했습니다.

"내가 만일 방언으로 기도하면 내 영이 하나님께 비밀을 말한다"고 했습니다. 방언은 기도이며, 당신의 영이 하나님께 말하는 것입니다. 그 내용도 비밀스럽게 말하기 때문에 사탄도 그 어떤 사람도 알아듣지 못합니다. 그러나 그 유익은 어마어마합니다. 방언은 하나님이 당신에게 주신 성령의 권능을 휘젓는 역할을 합니다. 당신이 방언을 말할 때 당신 안에 있는 성령의 권능이 파도치게 됩니다.

우리는 다른 사람을 위해서도 안수해야 하지만 자신을 향해서도 자주 안수해야 합니다. 당신의 몸에 지금 손을 얹고 이렇게 예수 이름으로 명령을 내리십시오.

"하늘과 땅의 모든 권세를 가지신 예수 그리스도의 이름으로 명한다. 내 머릿속에 있는 150억 개의 뇌세포는 최대한의 기능을 발휘하며 가동될지어다. 하나님의 영광을 위하여, 예수 이름을 위하여 움직일지어다. 내 안에 가득한 천재적인 기름 부으심이 밖으로 나타날지어다."

그럴 때 굳어진 머리가 기름을 친 것처럼 잘 돌아가고 하나님의 놀라운 지혜가 밖으로 나타납니다. 뇌세포가 망가지면 아무것도 할 수 없습니다. 이렇게 명령을 내리면 머리가 시원해지고 치매도 오지 않습니다. 기억력과 집중력과 이해력과 창의력이 수천수만 배로 증가됩니다.

예수 이름으로 명령하는 것은 당신이 해야 합니다. 요한계시록 1장 3절에 "하나님의 말씀을 읽고 듣고 행해야 복이 온다"고 했습니다. 그냥 알고만 있어서는 안 됩니다.

마음으로 믿어 의에 이릅니다. 하지만 "입으로 시인하여 구원에 이른다"고 했습니다. 구원을 얻으려면 마음으로 믿기만 할 것이 아니라 입으로 시인해야 합니다. 하나님이 당신의 입에서 나온 말대로 응답하시기 때문입니다.

민수기 14장 28절에 분명히 말씀했습니다. "그들에게 이르기를 여호와의 말씀에 내 삶을 두고 맹세하노라. 너희 말이 내 귀에 들린 대로 내가 너희에게 행하리니."

마음으로 믿으면 의에 이릅니다. 입으로 시인하면 구원에 이릅니다. 의에 이르는 것도 중요하지만 구원에 이르는 것도 중요합니다. 입술로 시인하지 않고 마음으로만 믿으면 하나님이 그를 의롭다고 인정하셔도 여전히 밑바닥의 삶에서 벗어나지 못할 수 있습니다. 그러면 안 됩니다.

로마서 10장 9절에 말씀합니다. “네가 만일 네 입으로 예수를 주로 시인하며 또 하나님께서 그를 죽은 자 가운데서 살리신 것을 네 마음에 믿으면 구원을 받으리라.”

입으로 시인해야 구원이 임하고 은혜가 넘칩니다.

입을 열어 날마다 이렇게 명령하기 바랍니다.

“나사렛 예수 이름으로 명한다. 보이지 않는 모든 것들은 움직여라. 예수 이름으로 다 이루어질지어다.”

눈에 보이는 문제를 보고 낙심하지 말고 강하고 담대하십시오. 힘들다고 뒤로 물러가지 말고 계속 앞으로 나아가십시오. 결국 다 잘됩니다. 주님께서 말씀하십니다.

“두려워하지 말고 믿기만 하라.”(눅 8:50)

믿음의 생각만 하라. 제 10 부 – 김향숙

새로운 피조물로서의 생각만 하라

당신은 예수님을 어떻게 알고 있습니까?

많은 사람들이 예수님을 육신을 따라서만 압니다.

"예수님은 물 위를 걸으셨어. 산에서 기도하셨어. 오병이어 기적을 행하셨어. 제자들과 함께 먹고 마시셨어."

바울은 다른 말을 했는데 그것은 곧 "그분을 영으로 안다"고 한 것입니다. 이 말씀은 큰 충격을 줍니다.

"그러므로 우리가 이제부터는 어떤 사람도 육신을 따라 알지 아니하노라. 비록 우리가 그리스도도 육신을 따라 알았으나 이제부터는 그같이 알지 아니하노라."(고후 5:16)

바울은 그리스도가 영으로 우리 안에 들어오셨다고 했습니다. 그로 인해 모든 그리스도인은 새로운 피조물이 되었다는 것입니다. 그 다음 구절을 보십시오. "그런즉 누구든지 그리스도 안에 있으면 새로운 피조물이라. 이전 것은 지나갔으니 보라 새 것이 되었도다."(고후 5:17)

당신은 예수 그리스도를 모신 하나님의 성전이 되었습니다. 이것은 우주적인 큰 기적입니다. 그렇지 않나요?

이 말씀을 통해 몇 가지 깨달음을 나누겠습니다.

당신은 그리스도 안에 있다

첫째, "누구든지 그리스도 안에 있으면"이라고 했습니다. 당신은 그리스도 안에 있습니까? 그리스도 안에 있다는 것은 그리스도의 풍성한 생명 안에 있다는 말입니다.

예수님이 당신 대신 십자가에서 죄와 목마름, 병과 가난, 어리석음과 징계와 죽음을 다 짊어지고 피와 물을 쏟으며 죽으셨고 "다 이루었다"(요 19:30)고 외치셨습니다.

그분은 죽은 지 사흘 만에 부활하셨습니다. 누구든지 그러한 예수님을 자신의 구주로 믿기만 하면 그리스도 안에 거하게 되고 그분의 풍성한 생명을 누리게 됩니다.

세상 사람들은 아무리 먹고 마셔도 굶주리고 목마르지만 성령을 받은 하나님의 자녀들은 그렇지 않습니다. 예수님이 말씀하셨습니다. 요한복음 6장 35절을 보십시오.

"나는 생명의 떡이니 내게 오는 자는 결코 주리지 아니할 터이요 나를 믿는 자는 영원히 목마르지 아니하리라."

이 세상에서 먹고 마시는 것이 중요한 것이 아닙니다.

당신 안에 의와 평강과 희락이 있다는 것을 알고 누리는 것이 가장 중요합니다. 그리스도 안에 있는 사람은 영원히 주리지 않고 목마르지 않습니다. 그리스도 밖에 있는 사람들에게는 뭔가 자꾸 준다고 되는 것이 아닙니다.

그들에게 돈과 밥, 옷과 신발을 주므로 인정받으려고 하지 말고 하나님의 성령과 함께 복음을 전하십시오.

당신을 향한 하나님의 특별한 계획이 있습니다. 부활의 주님이 당신 안에 계시기 때문에 당신은 부족함이 없습니다. 말씀과 기도로 육신의 생각을 쳐서 복종시키십시오.

성령님은 인격자이십니다. 당신도 인격이 있습니다.

내가 예수를 믿기 전에 빈혈과 어지럼증이 많아 약국에 간 적이 있습니다. 그때 약국 안에 있는 물건들을 보는데 내 머리가 빙글빙글 돌며 순간 쓰러졌습니다. 머리 안에서 "왕왕왕" 소리가 났습니다. 결혼해서 남편과 살 때였는데 10분 동안 주위 사람들이 떠드는 말이 들렸습니다.

"저 사람, 병원에 가야 된다."

10분 후에 일어났는데 말짱했습니다. 그런 일이 자주 반복되었는데 나도 왜 그런지 이유를 몰랐습니다.

예수를 영접하고 난 후에는 달라졌습니다. 내가 믿음을 소유하고 나아갈 때는 괜찮아졌습니다. 하지만 나도 정신을 차리고 깨어 있지 않으면 순간 악한 영이 들어옵니다.

나는 날마다 이렇게 외쳤습니다.

"나는 날마다 예수로 말미암아 살리라. 하나님, 성령님, 예수로 말미암아 살리라. 무시로 성령 안에서 기도함으로 말미암아 깨어 있으리라. 나는 믿음으로 산다."

그러자 괜찮아졌습니다. 그 후로 지금까지 그런 현상이 한 번도 나타나지 않았습니다. 나는 지금도 정신을 차리고 깨어 있습니다. 나 자신이 생각할 때 이게 아니다 싶으면 퍼뜩 정신을 차리고 예수 이름으로 명령합니다.

"나사렛 예수 이름으로 명한다. 악한 영아, 떠나가라."

예수 이름의 권세와 능력을 가지고 담대히 명령하며 마귀를 대적합니다. 그리고 늘 깨어 기도합니다. 또한 성령님께 모든 것을 이끌어 달라고 간절히 도움을 구합니다.

일상에서 일할 때도 성령님께 도움을 구합니다.

"성령님께서 저를 도와주시고 이끌어 주세요."

예수님이 제자들과 함께 바다에 있을 때 갑자기 풍랑이

일고 파도가 쳤습니다. 제자들은 놀라며 두려워했습니다.

예수님은 배 고물에서 곤히 주무셨습니다. 그때 제자들이 예수님을 흔들어 깨우며 말했습니다.

"주여, 우리가 죽게 되었습니다. 이 상황이 보이지 않습니까? 왜 평안히 주무십니까?"

그때 예수님이 뭐라고 하셨습니까?

"이 믿음이 없는 자들아."

주님은 지금 당신에게도 말씀하십니다.

"내가 너희와 함께 있는데 뭘 그리 두려워하느냐? 너희가 예수 이름으로 명령하라. 바람과 파도를 잠잠케 하라."

문제를 보고 염려하고 놀라지 말라는 것입니다. 예수님이 함께 계시는데 왜 바깥의 환경을 바라봅니까? 아직 그들에게는 예수의 영이신 성령님이 오지 않았을 때였으므로 예수님이 직접 바람과 파도를 꾸짖으셨지만 이제는 달라졌습니다. 예수의 영이 왔습니다. 그분을 모신 당신이 예수 이름으로 바람과 파도를 향해 명령해야 합니다.

예수님이 말씀하셨습니다. "진실로 너희에게 이르노니 만일 너희에게 믿음이 겨자씨 한 알 만큼만 있어도 이 산을 명하여 여기서 저기로 옮겨지라 하면 옮겨질 것이요 또 너희가 못할 것이 없으리라."(마 17:20)

부활하신 예수님은 하늘과 땅의 모든 권세를 가지고 하

늘 보좌에 앉아 계십니다. 이제는 그분의 영이신 성령님께서 당신 안에서 당신을 통해 일하시는 때가 온 것입니다.

"이제는 너희가 명령하라. 너희가 하나님의 영을 받지 않았느냐? 나는 너희를 보낸다. 모든 권세를 위임했다."

예수님은 이제 당신이 예수 이름으로 명령해야 한다고 하십니다. 예수님이 대신 명령해 주시는 것이 아닙니다.

'나는 아무 힘이 없어요. 못해요.'

그런 부정적인 생각을 하지 말아야 합니다.

예수님이 하신 말씀을 믿고 순종하십시오.

"내가 진실로 진실로 너희에게 이르노니 나를 믿는 자는 나의 하는 일을 저도 할 것이요 또한 이보다 큰 것도 하리니 이는 내가 아버지께로 감이니라."(요 14:12)

예수님이 아버지께로 가고 성령님이 오심으로 그것이 가능해졌다는 것입니다. 성령 받은 사람은 예수님이 하신 일을 하고 이보다 더 큰 것도 할 수 있습니다.

성령님은 시간과 공간을 초월해서 일하십니다.

당신이 지금 그곳에서 기도하고 명령하면 지구 반대편에서도 기적이 일어납니다. 마귀도 물러가고 강한 자도 결박을 당합니다. 악한 영이 활동을 멈추고 떠나갑니다.

성령 받은 자들의 몸은 주님과 떨어져 있지만 영은 주와 합한 자로서 한 영이 되었기 때문에 시간과 공간을 초월해서 성령의 역사가 일어납니다. 하나님의 사람은 성령의 역사로 말미암아 말씀을 깨닫고 기도할 수 있습니다.

우리는 북한의 성도들이나 아프리카의 선교사들을 위해 기도할 수 있고 그러면 그곳에 응답이 옵니다.

우리는 날마다 성령 안에서 믿음으로 살아야 합니다.

"의인이 믿음으로 살리라."

빌립보서 4장 13절에 보면 "내게 능력 주시는 자 안에서 내가 모든 것을 할 수 있느니라"고 했습니다.

그리스도 안에 있는 사람은 모든 것을 할 수 있습니다.

그러므로 어떤 문제에 부딪혔을 때 '할 수 없다. 안 된다'는 부정적인 생각은 하지 말아야 합니다. 부정적인 생각을 하면 부정적인 말을 하게 됩니다. 잠언 18장 21절에 "죽고 사는 것이 혀의 힘에 달렸나니 혀를 쓰기 좋아하는 자는 혀의 열매를 먹으리라"고 했습니다.

혀는 성령을 받지 않으면 다스릴 수가 없습니다.

육신적인 사람들은 자기 혀로 말하는 것이 남에게 복을 주는지 저주를 주는지 모르고 입에서 나오는 대로 마구 말합니다. 하지만 성령을 받은 사람들은 절제합니다. 그들은 오직 유익한 것과 축복의 말만 합니다. 나는 성령을 받고 난 후부터는 말에 조심하게 되었습니다. 왜일까요?

죽고 사는 것이 혀의 권세에 있기 때문입니다.

자녀를 양육할 때 그들이 말을 안 들어도 함부로 꾸짖거나 저주하면 안 됩니다. 왜일까요? 혀의 권세 때문입니다. 성령 받은 자들이 말을 하면 말에 권세가 있어서 말한 그대로 모두 나타난다는 것을 알고 절대로 자녀에게 저주의 말을 하지 말고 축복의 말만 해야 합니다.

나는 자녀에게 이렇게 말합니다.

"이 복 받을 놈들아."

"잘 될 놈들아."

나는 그렇게 교육받았고 그런 말만 했습니다. 그랬기 때문에 아이들이 벗나가지 않고 믿음의 중심을 지켰습니다. 그러려면 먼저 당신의 생각이 그렇게 되어야 합니다.

당신의 마음에 저주의 생각이 없어야 합니다.

마음에 어떤 생각을 해야 할까요?

'예수님이 내 자녀의 모든 저주를 담당하셨기 때문에 더 이상 저주가 없다. 내 자녀는 축복만 받는다.'

그런 생각으로 가득 차야 합니다. 자신의 기준에 자녀의 행동이 맞지 않는다고 분노하며 저주하면 안 됩니다.

자신에게도 저주하지 말아야 합니다. 마음에 자신을 축복하는 생각이 가득 차 있어야 합니다.

'나는 하나님의 자녀다. 하나님의 성령으로 가득하다. 나는 예수 이름의 권세와 능력을 소유한 사람이다. 나는 새로운 피조물이다. 오늘도 변함없이 성령님을 의지하며 믿음으로 산다. 성령님은 나를 돕는 나의 하나님이시다.'

당신도 성령님을 의지하며 믿음으로 살기 바랍니다.

성령님이 당신을 도우실 것입니다. 성령님은 당신의 마음에 하나님의 말씀이 기억나고 생각나게 하십니다.

성령님과 함께하며 그분의 인도하심을 받기 바랍니다.

그러면 새로운 피조물로서의 거룩한 삶, 승리하는 삶을 살게 됩니다. 성령님이 전부입니다. 이렇게 말씀드리세요.

"성령님, 오늘도 저를 도와주세요."

바울은 말했습니다. "내게 능력 주시는 자 안에서 내가 모든 것을 할 수 있다." 누가 능력을 주십니까? 성령님입니다. 복음 전도자는 더욱 성령님을 의지해야 합니다.

바울은 "내가 예수님의 십자가와 하나님의 능력 외에는 아무것도 알지 않기로 작정했다"고 말했습니다. 당신도 잡다한 것에 빠지지 말고 오직 예수님의 십자가만 전해야 합니다. 이런 중심을 가져야 주님께서 함께 하십니다.

그리고 복음을 전할 때 강하고 담대하십시오.

예수님이 제자들에게 말씀하셨습니다.

“몸을 죽이는 자를 두려워하지 말고 오직 너희의 몸과 영혼을 지옥에 보내시는 하나님을 두려워하라.”

당신은 하나님만 두려워해야 합니다.

사울 왕처럼 하나님께 버림받지 않도록 깨어 있고 늘 그분의 음성에 순종해야 합니다. 하나님이 사울을 먼저 버린 것이 아닙니다. 사울이 먼저 하나님을 버렸습니다.

그가 하나님의 음성을 버리고 순종하지 않았고 또 하나님께 묻지 않고 임의로 행했기 때문에 버림받았습니다.

사울은 자신이 주인 행세했습니다. 두 주인이 공존할 수 없습니다. 하나님은 주인이시고 당신은 종입니다.

그렇다면 주인이신 성령님께 늘 물어야 합니다.

“주님, 어떻게 할까요? 주님은 어떻게 생각하시나요?”

그리고 그분의 음성에 즉시, 온전히 순종해야 합니다.

나아만 장군 같이 교만한 사람은 이렇게 말합니다.

“내 생각에는, 내 생각에는…….”

종은 그런 태도를 가지면 안 됩니다.

“주님의 생각에는, 주님의 생각에는…….”

그런 태도만 가져야 합니다. 종은 자기 마음의 감동을

따라 말하고 행동하는 사람이 아닙니다. 주인의 음성에 따라 말하고 행동하는 사람입니다. 주인을 경외합니다.

자아의 종, 사람의 종이 되지 말고 주님의 종으로 사십시오. 모든 일에 주님만 높이고 성령으로 충만하십시오.

예수님은 "사람 앞에서 나를 시인하라, 그러면 나도 너희를 하나님 앞에서 시인하겠다"고 하셨습니다.

"만약 네가 사람들 앞에서 나를 부인하면 더 이상 나를 나타내지 않겠다. 그리고 네가 사람들에게 예수를 말하지 아니하면 나도 하나님 앞에서 너를 말하지 않겠다."

당신은 어떤가요? 당신이 성령으로 충만하면 사람들 앞에서 예수를 시인할 수밖에 없습니다. 예수님 외에는 자랑할 것이 없기 때문입니다. 다른 것은 다 티끌입니다. 나는 사람들이 내게 무슨 말을 하면 하나님만 이야기합니다.

"하나님이 주인이다. 그분이 모든 것을 창조해 놓으셨다. 세상 사람들의 말은 중요하지 않다. 그들의 말을 듣고 그들을 기쁘게 하지 말고 오직 하나님만 기쁘시게 해야 한다. 눈에 보이지 않는 하나님이 실제로 살아 계신다."

내 안에 하나님의 말씀이 있습니다. 나는 말씀을 따라 삽니다. 그리고 성령님이 내 안에 실제로 살아 계십니다. 나는 사람들의 말이 아닌 성령님의 음성을 따라 삽니다.

성령님이 주인이십니다. 종은 주인보다 앞서면 안 됩니

다. 내가 잘났다고 나서서 설치면 안 됩니다. 내가 앞서면 성령님이 근심하십니다. 성령님을 앞세워야 합니다.

겸손한 마음으로 이렇게 기도하기 바랍니다.

"존귀하신 성령님, 오늘도 성령님께서 제 마음과 생각을 주관해 주세요. 제가 하나님의 자녀로서 오직 믿음으로 살게 해 주세요. 하나님의 권능과 지혜를 더 많이 나타내 주세요. 성령의 권능으로 온 천하에 다니며 만민에게 복음을 전하게 해 주세요. 성령님의 인도하심을 따라 사람들을 만나고 그들에게 예수의 증인이 되게 해 주세요. 오늘도 많은 영혼을 구원하게 해 주세요. 성령 안에서 변함없이 믿음의 꿈을 가지고 인내하며 살게 해 주세요."

이처럼 성령님의 인도하심을 받는 삶이 최고입니다.

당신 안에 계신 성령님은 예수의 영이십니다.

고린도 후서 13장 5절에 "예수 그리스도께서 너희 안에 계신 줄을 너희가 스스로 알지 못하느냐?"라고 했습니다.

예수의 영을 모신 사람은 더 이상 죄인이 아닙니다.

의인입니다. 왜일까요? 예수님이 '하나님의 의'이기 때문입니다. 하나님의 의가 당신 안에 들어와 있습니다.

"예수 믿어도 죄인이 아닌가요? 죄가 많아요."

당신의 죄는 예수님의 보혈로 깨끗이 씻음 받았습니다.

예수님의 보혈이 지금 당신을 덮고 있고 그 보혈이 당

신 안에 강물처럼 흐르고 있다는 사실을 믿어야 합니다.

하나님은 당신의 허물과 죄를 보지 않고 예수님의 보혈을 보십니다. 당신의 과거와 현재와 미래의 모든 죄는 예수님의 보혈로 깨끗이 씻겼습니다. 하나님이 당신을 보실 때 예수의 피밖에 안 보입니다. 가죽옷을 입은 아담과 같습니다. 그러므로 당신은 그리스도 안에서 '의인'입니다.

성경에 분명히 말씀합니다.

"의인이 믿음으로 살리라."

그리스도 안에 있는 사람은 '하나님의 의' 안에 있기 때문에 동일하게 의인입니다. "우리로 하여금 그 안에서 하나님의 의가 되게 하려 하심이라."(고후 5:21)

당신은 그리스도 안에 있으므로 하나님의 의입니다.

당신이 그리스도 안에 있다는 것은 하나님이 당신을 보실 때 그리스도를 보시는 것처럼 보신다는 말입니다.

당신은 그리스도처럼 존귀한 사람이 되었습니다.

당신은 어느 정도로 존귀하게 되었을까요?

완전히 새로운 피조물이 되었습니다.

당신은 새로운 피조물이 되었다

둘째, “새로운 피조물이라”고 했습니다.

새로운 피조물은 새로운 생각과 말을 하며 삽니다.

어떤 생각과 말일까요? 그리스도의 생각과 말입니다.

그리스도는 이 땅에 계실 때에 죄와 목마름, 병과 가난, 어리석음과 징계와 죽음에 대해 생각하거나 말하지 않았습니다. 그분은 오직 의와 성령 충만, 건강과 부요, 지혜와 평화와 생명에 대해서만 생각하고 말씀하셨습니다.

또한 그분은 부정적인 생각과 말을 하지 않고 믿음의 생각과 말만 하셨습니다. 그렇지 않습니까? 그분은 어떤 사건과 사람, 상황에 대해 부정적인 말을 하는 사람이 있으면 그 사람을 집 밖으로 내보내신 후에 기적을 행하셨습니다. 그분은 자신을 믿지 않는 사람을 책망하셨습니다.

마가복음 5장 40~43절을 보십시오.

“그들이 비웃더라. 예수께서 그들을 다 내보내신 후에 아이의 부모와 또 자기와 함께 한 자들을 데리시고 아이 있는 곳에 들어가사 그 아이의 손을 잡고 이르시되 달리다굼 하시니 번역하면 곧 내가 네게 말하노니 소녀야 일어나라 하심이라. 소녀가 곧 일어나서 걸으니 나이가 열두 살이라. 사람들이 곧 크게 놀라고 놀라거늘 예수께서 이 일을 아무도 알지 못하게 하라고 그들을 많이 경계하시고 이에 소녀에게 먹을 것을 주라 하시니라.”

당신이 그리스도 안에 있다면 새로운 피조물이 되었으므로 그에 합당한 생각과 말만 해야 합니다. 옛 사람의 생각과 말을 하면 안 됩니다. 옛 사람은 눈에 보이는 것을 따라 반응하며 부정적인 생각과 말을 쏟아 냈지만 이제는 그러면 안 됩니다. "오직 의인이 믿음으로 살리라"고 했습니다. 믿음의 생각과 말만 하면서 살아야 한다는 것입니다.

당신은 지금 어떤 말을 합니까? 왜 그 말을 합니까?

부정적인 말을 하는 사람은 원인을 찾아야 합니다.

"사람이 마음에 가득한 것을 입으로 말한다"고 했습니다. 부정적인 생각이 가득하기 때문에 그것을 입으로 말하게 되는 것입니다. 그렇다면 생각을 바꿔야 합니다.

생각을 바꾸는 것은 내 힘으로 안 됩니다. 왜일까요?

가만있어도 그런 생각이 자꾸 떠오르기 때문입니다.

그러면 어떻게 해야 할까요? 성령님께 도움을 구하면 됩니다. 이렇게 말씀드리며 도움을 구하십시오.

"성령님, 제 마음에서 부정적인 생각이 떠오르지 않게 해 주세요. 믿음의 생각만 떠오르게 해 주세요."

그러면 부정적인 생각이 아예 안 떠오르게 하십니다.

성령님은 귀신을 쫓아내고 병을 고치는 일도 하시지만 무엇보다 마음을 새롭게 하는 일을 잘 도우십니다.

하나님이 말씀하셨습니다. "내가 그들에게 한 마음을

주고 그 속에 새 영을 주며 그 몸에서 돌 같은 마음을 제거하고 살처럼 부드러운 마음을 주어 내 율례를 따르며 내 규례를 지켜 행하게 하리니 그들은 내 백성이 되고 나는 그들의 하나님이 되리라."(겔 11:19~20)

이사야 65장 17절에는 이렇게 말씀합니다.

"보라, 내가 새 하늘과 새 땅을 창조하나니 이전 것은 기억되거나 마음에 생각나지 아니할 것이라."

성령님께서 당신에게 옛 것들은 기억되거나 마음에 생각나지 않게 하신다는 것입니다. 그분도 다 잊으셨습니다.

그러한 보혜사 성령님이 당신의 유일한 희망입니다.

사람은 자신이 생각한 대로 말한 대로 되는데 부정적인 생각과 말에 잡힌 사람이 얼마나 많은지 모릅니다.

아무리 그런 생각과 말에서 빠져나오려고 애써도 안 됩니다. 애쓰면 쓸수록 더 강하게 사로잡힙니다. 그것이 육신의 힘입니다. 육신의 힘을 이길 자는 없습니다. 오직 성령님만이 그런 수렁에서 능히 빠져나오게 하십니다. 성령님은 그런 생각과 말에서 당신을 건지시는 분입니다.

새로운 피조물인 당신은 '새 영'을 의지하며 '새 마음'으로 살아야 합니다. 그럴 때 복이 임하기 시작합니다.

새로운 피조물은 새로운 생각만 해야 합니다. 어떤 생각일까요? 부정적인 생각이 아닌 믿음의 생각입니다.

"부정적인 생각이 자꾸 떠올라요."

그래서 당신을 돕기 위해 성령님이 오신 것입니다.

이렇게 말씀드리며 성령님께 도움을 구하십시오.

"성령님, 오늘도 부정적인 생각이 떠오르지 않게 해 주세요. 종일 믿음의 생각만 떠오르게 해 주세요."

매일 그렇게 도움을 구하기 바랍니다.

이것이 성공의 비결입니다.

믿음의 생각만 하라. 제 11 부 – 김향숙

당신이 구한 그것을 정확히 얻게 된다

당신은 하나님께 무엇이든 담대히 구합니까?

나는 무엇이든지 주저하지 않고 담대히 구합니다.

그리고 하나님께 '구한 그것'을 정확하게 응답받습니다. 요한일서 5장 14~15절에는 이렇게 말씀합니다.

"그를 향하여 우리가 가진 바 담대함이 이것이니 그의 뜻대로 무엇을 구하면 들으심이라. 우리가 무엇이든지 구하는 바를 들으시는 줄을 안즉 우리가 그에게 구한 그것을 얻은 줄을 또한 아느니라."

사람들은 하나님께 구체적인 것을 구하지 않고 또 그것

을 받은 줄도 모릅니다. 아무거나 대충 구하고 아무렇게나 응답 오기를 바라는 사람들이 많습니다. 하나님은 그런 분이 아닙니다. 그분은 당신이 정확하게 구하고 받기를 원하십니다. 돈을 구할 때도 만약 321,510원이라면 10원짜리 하나까지 정확하게 구하고 응답받으라고 하십니다.

"보리떡 다섯 개와 물고기 두 마리로 5천 명을 배불리 먹이고 열두 광주리를 남겼다."이 얼마나 정확합니까?

막연하게 대충 역사하시는 하나님보다 정확하게 응답하시는 하나님이 더 좋지 않습니까? 선교헌금이나 감사헌금을 할 때도 대충하는 것보다 정확한 것이 좋습니다.

'5만 원을 헌금하라.'

그럴 때 5만 원에 1만 원을 더해서 기쁜 마음으로 6만 원을 헌금하면 좋습니다. 당신은 어떻게 생각하십니까?

"내 마음에 감동되는 대로 하면 되지 않나요?"

성경에 보면 두 가지가 나옵니다. 마리아는 자신이 평생 모은 향유 옥합을 깨뜨려 예수님께 부었습니다. 그것은 예수님이 요청한 것이 아니었고 감동에 따라 한 것입니다.

이처럼 자기 전 재산을 드리는 경우에는 감동이 필요합니다. 하지만 "나귀를 끌고 오라"고 하신 것은 마음의 감동이 아닌 예수님의 말씀이었습니다. 나귀 주인이 스스로 감동을 받고 나귀를 끌고 온 것이 아니었습니다.

누가복음 19장 28~36절을 보십시오.

"예수께서 이 말씀을 하시고 예루살렘을 향하여 앞서서 가시더라. 감람원이라 불리는 산쪽에 있는 벳바게와 베다니에 가까이 가셨을 때에 제자 중 둘을 보내시며 이르시되 너희는 맞은편 마을로 가라 그리로 들어가면 아직 아무도 타 보지 않은 나귀 새끼가 매여 있는 것을 보리니 풀어 끌고 오라 만일 누가 너희에게 어찌하여 푸느냐 묻거든 말하기를 주가 쓰시겠다 하라 하시매 보내심을 받은 자들이 가서 그 말씀하신 대로 만난지라. 나귀 새끼를 풀 때에 그 임자들이 이르되 어찌하여 나귀 새끼를 푸느냐 대답하되 주께서 쓰시겠다 하고 그것을 예수께로 끌고 와서 자기들의 겉옷을 나귀 새끼 위에 걸쳐 놓고 예수를 태우니 가실 때에 그들이 자기의 겉옷을 길에 펴더라."

예수님은 제자들에게 어떤 부탁을 하고 또 질문에 대해 어떤 대답을 해야 할지 구체적으로 알려주셨습니다.

예수님은 막연하게 대충 일하신 적이 없습니다. 매우 구체적으로 계획하고 준비하고 지시하고 일하셨습니다.

"그의 뜻대로 구하면 들으심이라"고 했습니다.

예수님의 뜻은 무엇일까요? '예수님의 음성'입니다.

예수님은 지금도 음성을 통해 말씀하십니다.

우리가 예수님의 음성을 먼저 듣고 그 음성을 따라 기

도하면 응답받는 것이 쉽습니다. 그러려면 종의 마음과 자세를 가지고 주인이신 그분께 자꾸 물어야 합니다.

"주님, 제가 어떻게 하면 될까요?"

그러면 주님께서 세미한 음성으로 말씀하십니다.

그 음성을 듣고 기도하면 쉽게 응답이 옵니다.

"우리가 구한 그것을 받은 줄로 안다"고 했는데 어떤 것입니까? 다른 것이 아닌 '그의 뜻대로 구한 그것'입니다.

그의 뜻은 성경 말씀과 세미한 음성으로 주어집니다.

그리고 음성을 들은 주의 종의 부탁을 통해서입니다.

주의 종은 음성을 전달하기만 하면 됩니다.

그 이상도 그 이하도 아닙니다.

그러면 주님이 일하십니다.

주의 종의 말을 하나님의 말씀으로 받으라

주의 종은 '주님의 음성'을 받고 전해야 합니다.

그리고 성도들은 주의 종이 뭔가 말할 때 그것을 사람의 말로 받지 말고 하나님의 말씀으로 받아야 합니다.

그러면 성령의 역사가 실제로 일어납니다.

데살로니가전서 2장 13절을 보십시오. "이러므로 우리가 하나님께 끊임없이 감사함은 너희가 우리에게 들은 바 하나님의 말씀을 받을 때에 사람의 말로 받지 아니하고 하나님의 말씀으로 받음이니 진실로 그러하도다. 이 말씀이 또한 너희 믿는 자 가운데에서 역사하느니라."

하나님은 지금도 세미한 음성으로 말씀하십니다.

성경은 구속 사역을 중심으로 기록이 끝났습니다.

성경에서 일점일획이라도 빼거나 더하면 안 됩니다. 하지만 그분은 말 못하는 우상이나 벙어리가 아닙니다.

오순절 이후로 성령님은 세미한 음성으로 베드로에게 말씀하셨고 다메섹 길을 걷는 바울에게도 말씀하셨고 빌립 집사에게도 말씀하셨습니다. "성령이 빌립더러 이르시되 '이 수레로 가까이 나아가라' 하시거늘."(행 8:29)

그분은 지금도 당신에게 말씀하십니다.

요한복음 1장 1절에 "태초에 말씀이 계시니라. 이 말씀이 하나님과 함께 있었고 이 말씀이 곧 하나님이라"고 했습니다. 예수님이 하나님의 진리인 말씀을 가지고 이 땅에 오셨습니다. 우리는 그 말씀을 통해 믿음을 가집니다.

말씀이 없다면 믿음도 없습니다. 근거 없는 믿음이기 때문입니다. "그의 뜻대로 무엇이든지 구하면 얻는다"고 했는데 주님의 세미한 음성이 없다면 무엇에 근거해 응답을 주장하고 기대하겠습니까? 성경 말씀과 세미한 음성,

둘 다 중요합니다. 그렇지 않으면 모든 것이 막연합니다.

요즘은 성령님의 음성을 듣는 사람이 많아졌습니다.

'네 병이 나았다.'

'주의 종으로 헌신하라.'

'염려하지 마라.'

만약 주의 종의 길을 가는 사람이 있다면 그가 주님의 음성을 듣지 않고 도대체 누구의 음성을 들어야 합니까?

"부모님이 가라고 해서 신학교에 왔어요."

"친구와 친척의 말을 듣고 신학교에 왔어요."

그렇게 말하는 것이 과연 옳습니까? 아닙니다.

"주님께서 가라고 해서 신학교에 왔어요."

이것이 옳지 않겠습니까? 성령님의 음성 듣기를 사모하십시오. "하나님을 향하여 우리가 가진 바 담대한 것이 이것이니, 하나님의 뜻대로 무엇이든지 구하면 받는다."

하나님의 뜻대로 무엇이든지 구해야 합니다.

그리고 예수 이름으로 구해야 합니다. 예수 이름으로 구하더라도 자신이 구하는 그것이 하나님의 뜻이라는 믿음이 있어야 합니다. 믿음이 없이 하나님의 뜻인지 아닌지도 모른 체 막연히 구하는 것은 아무 소용없습니다.

하나님은 예수님을 구원자로 보내셨습니다.

성경에 "예수 이름 외에는 영혼 구원이 없고 예수 이름 외에는 악한 귀신을 쫓아낼 수 없다"고 말씀합니다.

예수 이름에 모든 권세가 담겨 있다

예수 이름에 모든 권세가 담겨 있습니다.

"또 이르시되 너희는 온 천하에 다니며 만민에게 복음을 전파하라. 믿고 세례를 받는 사람은 구원을 얻을 것이요 믿지 않는 사람은 정죄를 받으리라. 믿는 자들에게는 이런 표적이 따르리니 곧 그들이 '내 이름으로' 귀신을 쫓아내며 새 방언을 말하며 뱀을 집어올리며 무슨 독을 마실지라도 해를 받지 아니하며 병든 사람에게 손을 얹은즉 나으리라 하시더라."(막 16:15~18)

또한 하나님은 우리가 무엇을 하든지 예수 이름으로 하라고 하셨습니다. 골로새서 3장 17절을 보십시오.

"또 무엇을 하든지 말에나 일에나 다 주 예수의 이름으로 하고 그를 힘입어 하나님 아버지께 감사하라."

예수를 믿어야 천국에 갑니다. 예수를 믿어야 이 땅에서도 하나님의 자녀가 되고 모든 복을 받습니다.

예수를 안 믿는데 하나님의 자녀가 됩니까? 예수를 안 믿는데 하나님의 복을 받을 수 있습니까? 그렇지 않습니다. 예수를 믿어야 성령의 기름 부으심이 옵니다. 예수를 믿어야 하나님의 뜻 가운데로 인도하심을 받습니다.

"우리가 무엇이든지 구하는 바를 들으시는 줄 안다"고 했습니다. 그리고 "우리가 그의 뜻대로 구한 그것을 얻은 줄 또한 안다"고 했습니다. 기도한 대로 응답받습니다.

문제가 생기면 기도에 푹 빠지라

기도하지 않고 문제에 부딪히지 마십시오.

"닥치는 대로 해결하면 돼"라고 하지 말고 기도하고 구한 다음 응답을 따라 지혜롭게 일을 해결하십시오.

기도하지 않으면 문제에 빠져들고 문제에 휘둘립니다.

기도하고 하나님께 맡기십시오. 그러면 하나님이 일하십니다. 하나님의 때에 하나님이 정확하게 응답하십니다.

당신은 평안 가운데 생활하면서 하나님의 응답을 기다리면 됩니다. 아무것도 염려하지 말고 모든 일을 감사함으로 하나님께 아뢰십시오. 그리고 기적을 기대하십시오.

성령님의 도우심을 따라 사십시오. 염려가 오면 예수 이름으로 물리치고 믿음의 생각만 하십시오. 부정적인 생각이 아닌 믿음의 생각이 하나님을 기쁘시게 합니다.

'하나님이 정확한 때에 응답하신다. 나는 조금도 염려하지 않는다. 하나님은 모든 것을 합력하여 선을 이루신다. 내가 기도하고 구한 것은 이미 다 받았다.'

기도한 것은 하나님이 반드시 응답하십니다. 그러므로 한 번 기도하고 구했으면 받았다고 믿고 감사하며 행복한 마음으로 생활하십시오. 하나님은 지금도 당신을 위해 열심히 일하고 계십니다. 그분이 어떻게 일하실까요?

먼저 당신의 마음에 그분의 말씀을 떠올리십니다.

당신이 이 땅에서 살 동안 믿고 순종하며 앞으로 나아갈 수 있는 것은 오직 '하나님의 말씀'밖에 없습니다.

진리를 따라 살아야 하는데 말씀이 곧 '진리'입니다.

성령님도 진리의 영이십니다. 마귀를 대적하고 성령을 좇아 사십시오. 예수님이 이 땅에 오신 것은 마귀의 일을 멸하기 위함입니다. 마귀를 따라 살지 마십시오.

마귀의 생각이 떠오르면 대적하라

마귀에게 휘둘리거나 일방적으로 당하지 마십시오.

마귀는 어떻게 일할까요? 생각을 먼저 집어넣습니다.

마귀는 가룟 유다에게 예수님을 팔 생각을 집어넣었습니다. "마귀가 벌써 시몬의 아들 가룟 유다의 마음에 예수를 팔려는 생각을 넣었더라."(요 13:2)

마귀는 끊임없이 부정적인 생각을 씨앗처럼 뿌립니다.

그것을 가만 두지 말고 예수 이름으로 대적해야 합니다. 예수님은 베드로의 입술을 통해 주어진 마귀의 생각을 가만 두지 않고 꾸짖고 대적하셨습니다. "예수께서 돌이키사 제자들을 보시며 베드로를 꾸짖어 이르시되 '사탄아, 내 뒤로 물러가라. 네가 하나님의 일을 생각하지 아니하고 도리어 사람의 일을 생각하는도다' 하시고."(막 8:33)

마귀의 공격에 일방적으로 당하지 마십시오.

"마귀를 대적하라. 그러면 너희를 피하리라"고 했습니다. 이 일은 당신이 해야 합니다. 당신이 담대하게 마귀를 대적하지 않으면 그는 가만있고 도망가지 않습니다.

이렇게 명령하며 예수 이름으로 마귀를 대적하십시오.

"예수 이름으로 명하노니 마귀야, 물러가라."

마귀를 대적하지 않으면 계속 부정적인 생각을 집어넣

습니다. 지금 당신의 마음에 어떤 생각이 떠오릅니까?

그것이 누구의 생각입니까? 하나님의 말씀을 통한 성령의 생각입니까? 아니면 육신의 생각입니까? 성령의 생각만 하고 육신의 생각과 마귀의 생각은 대적하십시오. 그런 생각이 떠오르지 않게 해 달라고 도움을 구하십시오.

"성령님, 오늘도 믿음의 생각만 떠오르게 해 주세요. 육신의 생각과 마귀의 생각이 떠오르지 않게 해 주세요."

부정적인 생각이 아닌 믿음의 생각만 하라

로마서 12장 3절에 이렇게 말씀합니다. "내게 주신 은혜로 말미암아 너희 각 사람에게 말하노니 마땅히 생각할 그 이상의 생각을 품지 말고 오직 하나님께서 각 사람에게 나누어 주신 믿음의 분량대로 지혜롭게 생각하라."

마땅히 생각할 것이 무엇입니까? '믿음의 생각'입니다.

믿음의 생각 그 이상의 생각을 품지 않도록 해야 합니다. 부정적인 생각, 의심의 생각, 육신의 생각, 지나친 생각을 버려야 합니다. 규모 없이 생각하지 말고 자기에게 나누어 주신 믿음의 분량대로 지혜롭게 생각해야 합니다.

주님께서 당신에게 말씀하십니다.

"너희가 무엇이든지 기도하고 구하는 것은 받은 줄로 믿으라. 그러면 그대로 되리라."(막 11:24)

기도하고 구했으면 받았다고 믿고 감사하며 입으로 선포해야 합니다. 입을 가만 닫고 있으면 안 됩니다.

"하나님이 응답해 주신다. 하나님이 일하고 계신다."

방어만 하지 말고 마귀를 공격하라

당신은 마귀를 공격하고 있습니까?

이 땅에서의 삶은 영적 전쟁입니다. 어떤 전쟁이든 가만히 있거나 방어만 한다고 승리하는 경우는 없습니다.

영적 전쟁도 공격해야 합니다. 무엇으로 공격해야 할까요? 성령의 검 곧 하나님의 말씀입니다. 그리고 어린양의 피를 증언하는 말과 믿음의 말을 통해서입니다.

질병과 연약함으로 고생하고 있습니까?

예수님이 당신의 모든 연약함과 질병을 십자가에 가져가셨기 때문에 당신은 건강하게 살아야 합니다. 이것이 하나님의 뜻입니다. 그러려면 질병과 연약함을 꾸짖어야 합니다. 이렇게 명령하며 예수 이름으로 꾸짖으십시오.

"나사렛 예수 이름으로 명하노니 더러운 질병아, 떠나

가라. 예수님이 채찍에 맞음으로 나는 나음을 입었다."

악한 영적인 존재는 의사도 모릅니다.

내 딸이 아파서 대학병원에 입원한 적이 있습니다.

링거를 6개나 달고 있었지만 의사는 병의 원인을 몰랐습니다. 나는 영적으로 눈이 뜨여서 알고 있었습니다.

몸에 어떤 문제가 있었는지 알 수 없지만 딸은 하혈을 많이 했습니다. 퇴원하면 안 되겠느냐고 물으니 김해에서 그 병원까지 택시 타고 왔다 갔다 해야 하기 때문에 안 된다고 했습니다. 하루는 의사가 말했습니다.

"제가 원인을 몰라요. 공부를 더 해서 알아볼게요."

영적인 문제는 의사가 공부한다고 되는 일이 아닙니다.

성령님은 내 마음에 그 아이를 어떻게든 그 병원에서 빼내야 한다는 감동을 주셨습니다. 하지만 그 의사는 확신이 없었기 때문에 퇴원을 못시킨다고 했습니다. 그래도 나는 결단하고 그 의사를 설득해서 집으로 데려왔습니다.

놀랍게도 그 뒤로 아무렇지도 않았습니다. 그때 의사는 계속 하혈해서 피가 몸속에 조금밖에 안 남았다고 했습니다. 사람은 보통 체중의 8퍼센트가 피로 이루어져 있는데 그중에서 30~40퍼센트가 빠지면 죽을 수도 있습니다.

김해 일대의 병원에서는 치료가 안 되고 부산의 대학병원에 가서 치료했는데 그 뒤로는 하혈을 하지 않았습니다.

영적인 세계는 보이지 않습니다. 마귀는 도둑처럼 몰래 일합니다. 예수님은 "도둑이 오는 것은 도둑질하고 죽이고 멸망시키기 위해서다"라고 하셨습니다. 기도하며 말씀으로 깨어 있지 아니하면 악한 영들이 역사합니다.

예수님은 선한 목자입니다. 그분은 우리를 살리고 우리에게 더 풍성한 생명을 주기 위해 이 땅에 오셨습니다.

우리는 늘 깨어 기도해야 합니다. 그리고 아침에 눈을 뜨면 예수 이름으로 마귀에게 명령해야 합니다.

"나사렛 예수 그리스도의 이름으로 명하노니 더러운 영아, 악한 영아, 물러가라. 나는 하나님의 자녀이고 의인이다. 나는 성령 충만하고 건강하다. 나는 지혜롭고 평화를 가졌다. 나는 영원한 생명을 가졌다. 복 받은 사람이다."

어떤 경우에도 부정적인 생각은 떠올리지 말고 오직 믿음의 생각만 해야 합니다. 이렇게 생각하십시오.

'나는 행복한 사람이다. 오직 믿음으로 산다.'

믿음의 생각과 말만 하십시오. 그러면 마귀는 떠나가고 얼씬도 못합니다. "힘들다, 어렵다, 안 된다, 못 살겠다"는 말을 하지 말고 예수님이 십자가에서 다 이룬 복음을 믿고 그리스도 안에서 오직 믿음의 말만 하십시오.

"예수님이 채찍에 맞음으로 나의 모든 죄와 저주, 연약함과 질병, 가난을 담당하셨다. 나는 건강하다."

예수님이 가져가신 저주를 마음에 떠올리면 안 됩니다.

이 땅에서 행복하게 살다가 천국으로 가야 합니다.

"나는 하나님의 자녀다. 모든 것이 잘된다."

그렇게 말하면 당신의 영과 마음과 몸이 듣습니다.

죄와 목마름, 질병과 가난이 아닌 그리스도 안에서 새로운 피조물이 된 당신의 모습을 입술로 고백하십시오.

"나는 그리스도 안에서 의인이다. 성령 충만하다. 건강하다. 부요하다. 지혜롭다. 평화와 생명을 가졌다."

재정에 대해서도 부정적인 말을 하지 말고 믿음의 말만 하십시오. 그러면 가난이 떠나갑니다. "예수님이 가난하게 되심으로 나는 부요한 자가 되었다. 모든 것이 넘친다."

영원한 생명에 대해서도 마찬가지입니다.

"나는 큰 생명, 새 생명, 영원한 생명을 가진 자다."

평화에 대해서도 그렇습니다. "예수님이 내 대신 징계를 받으셨다. 나는 예수님 안에서 평화를 누린다."

당신은 이 땅에서 행복하게 살다가 죽어서 영원한 천국에 갈 귀한 존재입니다. 복음이 당신을 살렸습니다.

당신은 예수를 믿지 않는 자들에게 가서 담대하게 복음을 전해야 합니다. 이렇게 믿고 말하십시오.

"나를 통해 하나님의 생명이 다른 사람에게 흘러간다."

잡다한 것이 아닌 믿음의 말씀을 전하라

당신은 어떤 말씀을 전하고 있습니까?

소망의 말씀과 사랑의 말씀도 중요하지만 성경은 '믿음의 말씀'을 전파하라고 합니다. 성경은 믿음으로 시작해서 믿음으로 끝납니다. 하나님은 '믿음의 하나님'이십니다.

믿음은 들음에서 나기 때문에 전하는 자가 꼭 필요합니다. 전하는 자가 없이 어찌 듣겠으며, 듣지 않고 어찌 믿음이 생기겠으며, 믿음이 생기지 않으면 어찌 구원을 얻겠습니까? 복음을 전하는 '복음 전도자'의 삶을 사십시오.

"누구든지 주의 이름을 부르는 자는 구원을 받으리라. 그런즉 그들이 믿지 아니하는 이를 어찌 부르리요 듣지도 못한 이를 어찌 믿으리요 전파하는 자가 없이 어찌 들으리요 보내심을 받지 아니하였으면 어찌 전파하리요 기록된 바 아름답도다 좋은 소식을 전하는 자들의 발이여 함과 같으니라. 그러나 그들이 다 복음을 순종하지 아니하였도다. 이사야가 이르되 주여 우리가 전한 것을 누가 믿었나이까 하였으니 그러므로 믿음은 들음에서 나며 들음은 그리스도의 말씀으로 말미암았느니라."(롬 10:13~17)

하나님의 말씀에 능력이 있습니다. 하나님은 말씀으로 천지를 창조하셨습니다. 죽은 영혼이 살아나는 길은 오직 한 가지뿐인데 곧 하나님의 말씀이 선포되는 것입니다.

당신이 입을 열어 하나님의 말씀을 전할 때 그것을 들은 영혼이 살아납니다. 하나님의 말씀을 전하십시오.

"우리가 전파하는 믿음의 말씀이라"고 했습니다.

만나는 사람마다 '믿음의 말씀'을 전하십시오.

기도할 때도 말씀을 붙들고 기도하십시오.

육신의 생각은 자꾸 처지고 힘들다고 말합니다. 그러므로 육신을 쳐서 복종시키며 영의 생각을 해야 합니다.

'아니야, 믿는 자에게는 능치 못할 일이 없어.'

'나는 믿는 일에 게으르지 않다. 열심을 품고 주님을 섬긴다. 내 안에 신적인 열정이 있다. 나는 하나님의 열심으로 살며 세상과 마귀와 육신의 생각을 이긴다. 나는 하나님의 자녀의 권세를 가졌다. 나는 존귀한 자다. 나는 하나님의 믿음이 있다. 그러므로 무엇이든 할 수 있다.'

이런 믿음의 생각으로 새 힘을 얻기 바랍니다.

염려를 다 주님께 맡기라

마귀는 부정적인 생각을 통해 일합니다.

당신이 부정적인 생각을 하면 마귀에게 잡히고 가진 것

을 하나씩 잃습니다. 베드로 사도는 말했습니다.

"너희 염려를 다 주께 맡기라. 이는 그가 너희를 돌보심이라. 근신하라 깨어라. 너희 대적 마귀가 우는 사자 같이 두루 다니며 삼킬 자를 찾나니 너희는 믿음을 굳건하게 하여 그를 대적하라. 이는 세상에 있는 너희 형제들도 동일한 고난을 당하는 줄을 앎이라."(벧전 5:7~9)

모든 염려를 주님께 맡기십시오. 주님께서 당신을 돌보고 계십니다. 염려를 맡기지 않고 당신이 지고 있으면 마귀의 밥이 됩니다. 마귀는 우는 사자 같이 삼킬 자를 찾고 있습니다. 마귀는 '믿음이 없는 자'를 삼키고 그를 종으로 삼습니다. 믿음이 없이는 마귀를 이길 수 없습니다.

염려를 주님께 맡기지 않으면 마귀가 역사합니다.

믿는 자는 모든 일에 늘 깨어 있어야 합니다. 믿음을 굳건하게 하고 마귀를 대적하십시오. 마귀를 대적하지 않으면 염려에 빠지게 되고 결국 마귀의 밥이 됩니다.

마귀를 대적하면 물러갈 것입니다.

"마귀야, 물러가라."

오직 믿음의 말만 하라

다윗은 오직 믿음의 말만 했습니다.

"여호와는 나의 목자시니 내게 부족함이 없다."

당신도 믿음의 말만 해야 합니다. 이렇게 말하십시오.

"예수님이 내 안에 영으로 살아 계신다. 그러므로 나는 모든 것에 조금도 부족함이 없다. 내 잔이 넘친다."

성경에 열두 해 동안 혈루증으로 고생한 여자가 나옵니다. 혈루증은 피를 쏟는 것입니다. 한두 해도 아니고 열두 해 동안 고생했습니다. 이 병원 저 병원을 다니며 치료했지만 그 병을 고칠 수 없었고 더욱 심해졌습니다. 영적인 문제이기 때문에 세상 의사는 고칠 수 없었습니다.

영적인 문제는 하나님만 고치십니다. 예수님이 이 땅에서 사역하실 때 그녀는 예수님의 옷자락을 만졌습니다.

예수님은 우리처럼 육체를 갖고 계셨기 때문에 성령의 나타남을 위해 새벽 미명에 습관을 좇아 오래 기도하셨습니다. 우리도 주의 복음을 전하기 전에 현장에 하나님의 역사가 나타나도록 미리 오래 기도해야 합니다.

나도 새벽에 일어나면 성령님이 기도를 시킵니다. 그때 무엇을 기도할까요? 나라와 민족을 위해, 세계 복음화를 위해, 기름 부으심이 나타나기 위해 기도합니다.

그녀가 예수님의 옷자락에 손을 대며 믿음으로 만졌는데 그 순간 혈루 근원이 말랐고 깨끗이 나았습니다.

예수님에게서 능력이 흘러 나갔던 것입니다.

당신도 믿음으로 예수님의 옷자락을 만질 수 있습니다.

그러면 치료의 역사, 구원의 역사가 일어납니다.

평생 건강하게 살기 바랍니다.

믿음의 생각만 하라. 제 12 부 – 김향숙

존귀하신 성령님을 모시고 살라

당신은 성령님을 아십니까?

성령님은 하나님이십니다. 그분은 변함없이 살아 계시고 우리 안에 실제로 거하고 계십니다. 우리 앞에 와 계시고 우리를 돕는 분이십니다. 성령님은 마음에 말씀을 떠올려 주시고 또 그 말씀을 자세히 깨닫게 하십니다. 그리고 성령님은 그 말씀에 순종할 수 있도록 도우십니다.

또한 성령님은 악한 마귀를 대적할 수 있는 힘을 주십니다. 당신은 성령님과 함께 이렇게 명령해야 합니다.

"나사렛 예수 이름으로 명하노니 내 마음과 생각을 괴

롭히는 더러운 영들은 다 떠나가라. 다시 오지 말라."

마귀는 우는 사자처럼 마음에 염려하는 사람과 하나님을 믿지 않는 사람을 삼키려고 두루 다니고 있습니다.

마귀는 말씀을 빼앗아 가고 믿음이 사라지게 하고 또 말씀을 듣지 못하도록 정신을 혼미하게 합니다.

우리는 성령님의 도우심으로 주님을 바로 알고 바로 믿어야 합니다. 잘못된 고정관념에서 벗어나야 합니다.

다윗은 성령님을 의지하며 믿음으로 살았습니다.

사도행전 2장 25~28절을 보십시오. "다윗이 그를 가리켜 이르되 '내가 항상 내 앞에 계신 주를 뵈었음이여, 나로 요동하지 않게 하기 위하여 그가 내 우편에 계시도다. 그러므로 내 마음이 기뻐하였고 내 혀도 즐거워하였으며 육체도 희망에 거하리니 이는 내 영혼을 음부에 버리지 아니하시며 주의 거룩한 자로 썩음을 당하지 않게 하실 것임이로다. 주께서 생명의 길을 내게 보이셨으니 주 앞에서 내게 기쁨이 충만하게 하시리로다' 하였으므로."

다윗은 과연 어떤 사람이었습니까?

그는 하나님의 마음에 합한 자였습니다.

"내가 이새의 아들 다윗을 만나니 내 마음에 맞는 사람이라. 내 뜻을 다 이루리라."(행 13:22)

어떻게 다윗이 그런 삶을 살 수 있었을까요? 종의 위치에서 늘 주님을 존중히 모셨기 때문입니다.

"내가 항상 내 앞에 계신 주를 뵈웠음이여."

그는 자신이 주인 행세하며 앞서 나가지 않았습니다.

여호와의 영이신 성령님을 자기 앞에 모셨고 우편에 모셨습니다. 그러므로 그의 마음이 기뻐하였고 또 그의 혀도 즐거워하며 늘 찬송을 불렀다고 했습니다. 그는 종일 자기와 함께 계신 주님을 찬송한 사람이었습니다.

정말 그게 가능할까요? 시편 35편 28절에는 "나의 혀가 주의 의를 말하며 종일토록 주를 찬송하리이다"라고 했고 시편 71편 8절에도 "주를 찬송함과 주께 영광 돌림이 종일토록 내 입에 가득하리이다"라고 했습니다.

오늘날도 많은 사람들이 주님이 자기와 함께 계시는 것을 느낀다고 말합니다. 하지만 다윗은 단순히 그런 정도가 아니라 그분을 인격적으로 자기 앞에 늘 모셨습니다.

이것은 그가 의지적이고 의도적으로 그리고 아주 적극적으로 그분을 자기 앞에 모셨다는 말입니다. 그로 인해 다윗은 항상 기뻐했고 그의 혀도 늘 춤을 추었습니다.

기쁨이 가득한 마음을 가졌다는 것입니다.

그는 믿음의 생각과 말만 했습니다. 그리고 그는 하나님 앞에서 부정적인 생각이나 말을 하지 않았습니다.

"하나님이 내 영혼을 지옥에 버리지 않으신다."

"주님의 거룩한 자이신 예수님으로 하여금 썩음을 당하지 않게 하신다."

그는 생명의 길만 생각하고 말했습니다.

"주께서 생명의 길로 내게 보이시리니."

성령님이 다윗에게 생명의 길을 보이셨다는 것입니다.

그 생명의 길이 무엇일까요? 오실 메시야입니다.

다윗은 오실 그리스도의 부활을 성령 안에서 미리 내다보고 말하기를 "그리스도는 지옥에 버려지지 않았고 그의 육체는 썩지 않았다"고 했습니다. 놀랍지 않습니까?

예수님께서 2,000년 전에 이 땅에 오셔서 우리의 모든 죄와 저주를 십자가에 가져가셨습니다. 그리고 그분은 이 땅에 계실 때 성령으로 기뻐하셨고 우리에게도 기쁨을 주기 위해 '주의 성령'을 보내셨습니다. 성령님은 근심 대신 찬송을, 슬픔 대신 희락을 주시는 분입니다.

성령 받은 사람의 특징은 항상 기뻐한다는 것입니다.

사람이 어떻게 항상 기뻐할 수 있습니까?

주의 성령을 바라보면 가능합니다.

자신이 뭔가를 이루려고 애쓰는 사람은 항상 기뻐할 수 없습니다. 예수님이 십자가에서 말씀하셨습니다.

"다 이루었다."(요 19:30)

예수님이 십자가에서 피와 물을 쏟으며 구속 사역을 다

이루시고 보증으로 성령님을 이 땅에 보내셨습니다.

성령님은 우리가 '예수님이 십자가에서 다 이룬 복음'을 누리고 전하도록 하기 위해 오셨습니다. 그러므로 우리는 종일 성령님을 찾아야 합니다. 이게 무슨 뜻일까요?

성령님이 우리 안에, 우리와 함께 계신데 왜 그분을 찾습니까? 그분을 인격적으로 찾아야 한다는 말입니다.

성령님은 인격자이십니다. 그분은 어떤 물건이나 종교적인 이론이 아닙니다. 사람에게도 인격이 있는 것처럼 그분에게도 인격 곧 지성과 감정과 의지가 있습니다.

성령님의 인격을 존중해야 합니다. 그분은 기쁨의 영이십니다. 다윗은 그분을 친구로 삼고 함께 지냈습니다.

다윗은 인격자이신 성령님과 대화하고 그분을 찬송하고 그분과 함께 먹고 마시고 전쟁터에 나갔습니다.

성령님의 임재가 항상 그의 앞에 있었기 때문에 다른 사람에게 해를 끼칠 수 없었습니다. 그는 하나님 앞에서 살았으므로 원수 같았던 사울 왕을 죽일 수 없었습니다.

"사울 왕은 하나님이 기름 부으신 자다. 나는 하나님을 존중하는 것처럼 그분이 기름 부으신 자를 존중한다."

그는 원수를 눈앞에 두고도 하나님 앞에서 기뻐했습니다. 그는 원수 갚는 것을 하나님께 맡겼습니다. 하나님은 그런 다윗을 보고 "내 마음에 합한 자다"라고 하셨습니다.

다윗은 성령님을 자신의 친구로 삼았습니다.

세상 친구들은 믿을 수 없습니다. 좋을 때는 함께 있지만 조금만 불리해지거나 어려운 일이 생기면 떠납니다.

욥의 친구들을 보십시오. 욥이 힘들어지니까 얼마나 신랄하게 그를 공격했습니까? "네가 뭔가 크게 잘못했기 때문에 하나님께 심판받은 것이다. 그걸 인정해라."

욥은 가장 큰 친구이신 하나님이 자신을 변호해 주시길 기도했습니다. 히브리서 13장 5절에 보면 "내가 과연 너희를 버리지 않고 과연 너희를 떠나지 않겠다"고 했습니다. 그렇습니다. 하나님, 예수님, 성령님은 당신을 떠나지 않고 변호해 주십니다. 예수님이 약속하셨습니다.

"내가 너희를 고아와 같이 버려두지 않고 다시 오겠다. 그리고 내가 세상 끝 날까지 너희와 함께 있으리라."

그분이 당신에게 이렇게 말씀하십니다.

"사람들은 다들 네가 좋을 때만 붙어 있고 힘들어지면 떠나가지만 나는 그렇지 않다. 나는 너를 버리지 않는다. 영으로 네 안에 함께 있다. 내가 결단코 너를 버리지 않기 때문에 너는 모든 시련을 이기고 다시 일어날 것이다."

당신에게 있어 가장 좋은 친구는 예수님입니다.

지금은 예수의 영이신 성령님이십니다.

주의 성령이 당신과 함께 계십니다.

모든 것을 잃었습니까? 모든 것이 어렵습니까?

낙심하지 마십시오. 예수님과 함께 다시 일어나십시오.

그분으로 말미암아 새 힘을 얻고 성공하십시오.

히브리서 6장 14절을 보십시오. "내가 반드시 너에게 복 주고 복 주며 너를 번성하게 하고 번성하게 하리라."

세상 사람들은 모든 것을 잃으면 더 이상 일어나지 못하고 저주 가운데 주저앉지만 우리는 그렇지 않습니다.

믿음만 있으면 얼마든지 다시 일어설 수 있습니다.

"대저 의인은 일곱 번 넘어질지라도 다시 일어나려니와 악인은 재앙으로 말미암아 엎드러지느니라."(잠 24:16)

어떤 경우에도 믿음을 굳게 지키십시오.

하나님이 당신과 함께 계십니다.

믿음의 생각만 하라

초판 1쇄 인쇄 | 2025년 5월 10일
초판 1쇄 발행 | 2025년 5월 20일

지은이 | 김열방 김향숙

발행인 | 김사라
발행처 | 날개미디어
등록일 | 2005년 6월 9일, 제2005-44호
주소 | 서울특별시 송파구 백제고분로9길 6(잠실동, A동 3층)
전화 | 02)416-7869
메일 | wgec21@daum.net

종이책 ISBN: 979-11-92329-50-5(03230)
전자책 ISBN: 979-11-92329-51-2(05230)

종이책값 20,000원
전자책값 20,000원